Physics for Curious Kids
Copyright © Arcturus Holdings Limited
Korean translation copyright © 2022 by Nikebooks
This Korean edition published by arrangement with Arcturus Holdings Limited
through YuRiJang Literary Agency.

이 책의 한국어판 저작권은 유리장 에이전시를 통해 저작권자와 독점 계약한
니케북스에 있습니다. 저작권법에 의하여 한국 내에서 보호를 받는 저작물이므로
무단전재 및 복제를 금합니다.

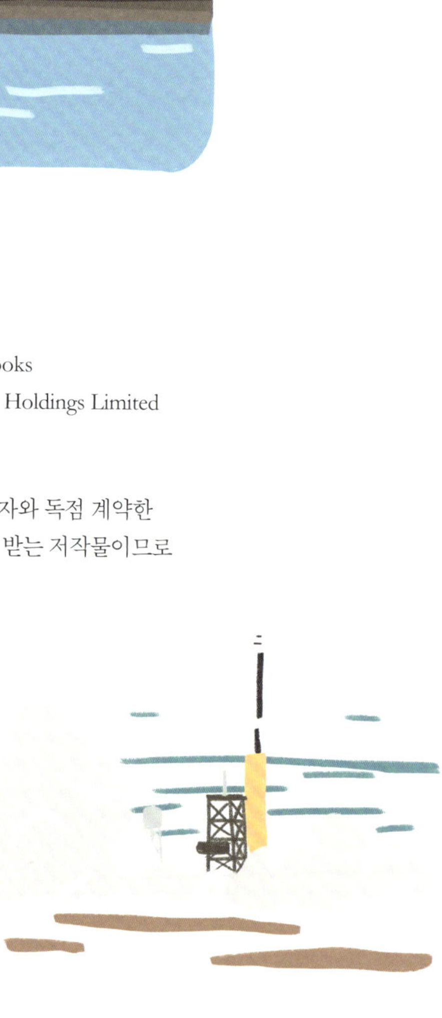

# 열두 살 궁그미를 위한 물리

과학 시리즈

로라 베이커 글
알렉스 포스터 그림
권영균 옮김

비케주니어

 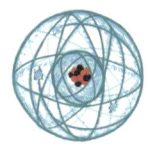

# 차례

환상적인 물리학의 세계에 온 걸 환영해요 ...... 7
물리학자처럼 생각하기 ...... 8

## 1장 동역학 ...... 11
힘이 무엇인가요? ...... 12
중력에 붙잡혀 있는 우리 ...... 14
압력 안에서 사는 우리 ...... 16
마찰력을 이용하는 우리 ...... 18
움직임을 방해하는 저항의 힘 ...... 20
물에 둥둥 뜨는 부력의 힘 ...... 22
자석이 만드는 자기력의 힘 ...... 24
힘을 이용하는 도구들 ...... 26

## 2장 에너지와 전자 ...... 29
원자에 대한 모든 것 ...... 30
세상을 활기차게 해 주는 에너지 ...... 32
나중을 위해 저장해 놓는 에너지 ...... 34
한정된 에너지 ...... 36
지속 가능한 에너지 ...... 38
움직이는 열에너지 ...... 40
세상을 바꾼 전기 에너지 ...... 42
전력 회로 ...... 44
집 안에서의 에너지 ...... 46

## 3장 광학 ...... 49
빛의 에너지 파동 ...... 50
빛을 뿜어내는 것들 ...... 52
빛이 진행하는 경로 ...... 54
빛의 속력 ...... 56
빛과 함께하는 그림자 ...... 58
빛에 담긴 색깔들 ...... 60
전기로 만드는 빛 ...... 62
빛을 활용한 발명품들 ...... 64
볼 수 있게 해 주는 빛 ...... 66

## 4장 음향학 ...... 69
소리를 만드는 음파 ...... 70
변하는 음량 ...... 72
서로 다른 음높이 ...... 74
사람의 청력 ...... 76
소리의 빠르기를 나타내는 음속 ...... 78
소리보다 더 빠른 초음속 ...... 80

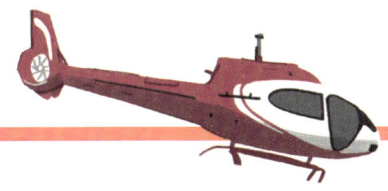

| | |
|---|---|
| 소리로 음악 만들기 ............................ 82 | 자석으로 달리는 기차 ............................ 122 |
| 도플러 효과 ............................ 84 | 첨단 기술 ............................ 124 |
| 소리의 다양한 이용 ............................ 86 | 미래의 물리학 ............................ 126 |

## 5장 천체 물리학 ............................ 89

- 폭발로 시작된 우주 ............................ 90
- 우주에서 우리의 위치 ............................ 92
- 밝게 불타는 별 ............................ 94
- 태양이 하는 일 ............................ 96
- 우리의 고향 행성인 지구 ............................ 98
- 달이 주는 영향 ............................ 100
- 모양이 변하는 달 ............................ 102
- 눈에 보이지 않는 블랙홀 ............................ 104
- 우주 탐사 ............................ 106

용어 풀이 ............................ 128
찾아보기 ............................ 130

## 6장 응용 물리학 ............................ 109

- 스포츠 속의 과학 ............................ 110
- 여러 종류의 다리 ............................ 112
- 초고층 빌딩 ............................ 114
- 빠르게 달리는 자동차 ............................ 116
- 하늘을 나는 비행기 ............................ 118
- 떠다니는 배 ............................ 120

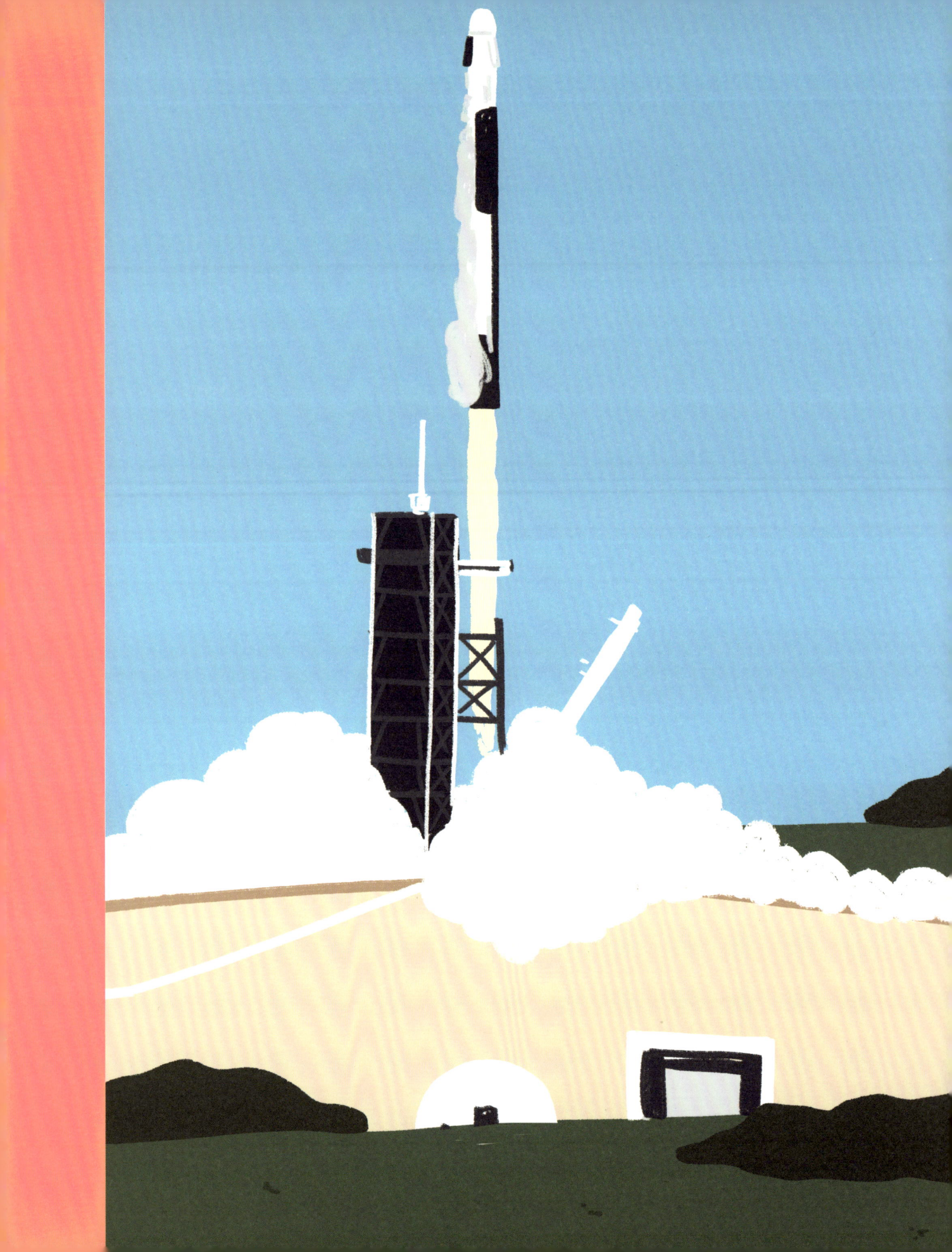

# 환상적인 물리학의 세계에 온 걸 환영해요

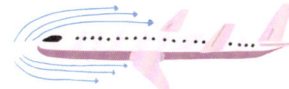

로켓 발사 때의 지구를 뒤흔드는 듯한 폭발, 자석이 서로 붙는 신비로운 모습, 물 위를 가로지르며 믿기 어려울 정도로 높이 서 있는 다리, 우리가 볼 수 있게 해 주는 빛. 이 모든 것에는 공통점이 있어요. 그게 뭐냐고요? 모두 **물리학**으로 설명된다는 거예요.

물리학은 에너지와 물질에 관한 학문이에요. 이 둘이 시공간에서 어떻게 서로 관련되어 있는지를 탐구하지요. 물리학은 원자만큼이나 작은 세상이 될 수도 있고, 우주만큼이나 커다란 세상이 될 수도 있어요. 어떤 사람들은 물리학의 법칙과 힘에 대해 자세히 알고 싶어 해요. 이런 사람들에게 물리학은 어떤 현상을 일으키는 '작용'에 대한 모든 것이거든요. 또 어떤 사람들은 물리학을 통해 파동에서 어떻게 빛과 소리가 만들어지는지 알고 싶어 해요. 에너지나 전기를 알아보려는 사람도 있고, 나아가 우주 공간을 물리학으로 연구하기도 하지요.

이처럼 물리학을 공부하는 사람들을 **물리학자**라고 해요. 그들은 거대한 우주와 그 안에 있는 모든 것이 어떻게 작동하는지 이해하려고 노력하고 있어요. 자, 이제 책을 넘겨 봐요. 우리가 사는 세상이 얼마나 놀랍고 환상적인 사실로 이루어져 있는지 물리학자처럼 발견하게 될 거예요.

# 물리학자처럼 생각하기

물리학은 **과학**의 한 분야예요. 과학이란 우리가 살아가는 세계와 엄청나게 거대한 우주를 이해하려는 모든 노력을 뜻해요. 우리가 살아가는 이 멋진 행성을 알아 갈수록 더 많은 질문과 마주하게 되지요. 거기에 답을 찾고 다시 설명해 내면서 우리는 배우고 성장한답니다. 과학은 나아가서 우리가 편안하고 좋은 삶을 살도록 도와줘요. 자, 그러면 우리도 물리학자처럼 생각해 볼까요?

##  모든 것에 질문을 던져요

과학자가 되기 위해 가장 중요한 것은 바로 질문을 던지는 거예요. 과학자는 이해할 수 없는 것이 생기면 질문을 던져요. 그러고 나서 그 질문에 대한 답이 무엇인지 **예측**하고 **가설**을 세운답니다. 가설이란, 질문에 답을 찾는 시도를 하기 위해 임시로 정하는 답이에요.
과학자는 가설을 확인하려고 **실험**을 설계하고 관찰하고 측정하여 여러 가지 자료인 데이터를 모아요. 이때 실험 조건을 같게 하면서 반복적으로 같은 결과가 나오는지를 반드시 확인해야 해요. 여러 번 반복해야 제대로 결과가 나오거든요. 그리고 결국 **결론**을 내리게 됩니다.
실제로 토머스 에디슨은 불이 켜지지 않는 전구 수백 개를 만든 다음에야 불이 켜지는 전구를 발명할 수 있었어요! 실패 하나하나에서 제대로 동작하지 않은 이유를 알게 되었고 바로잡을 수 있었거든요. 그러니까 실패는 실험을 성공시키기 위한 중요한 발견 과정인 셈이에요.

과학자는 언제나 질문해요

##  실험하기

실험은 **실험실**과 같이 우리가 잘 통제할 수 있는 공간에서 하는 것도 있고, 현장에서 해야 하는 실험도 있어요. 어떤 실험이든, 과학자는 어떤 과정에 따라 실험을 진행할지, 실험을 제대로 하기 위해 몇 번이나 반복해서 확인할지 등 **실험 방법**을 잘 결정해야 해요. 안전 수칙도 잘 따져야 하고요!

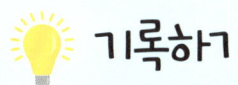
## 기록하기

과학자라면 주의를 기울여 정확히 작업해야 해요. 실험을 진행한 모든 과정과 사용한 모든 재료, 거기서 얻은 모든 실험 결과를 **기록**하지요. 기록이 있으면 나중에 결과를 분석할 수도 있고, 필요하면 똑같은 실험을 다시 할 수도 있어요. 검증하고 싶은 실험 조건이 있다면 다른 실험 조건은 모두 똑같이 하고, 그 실험 조건만 바꾸면서 실험해 볼 수도 있겠지요. 이 과정으로 **실험 데이터**에서 그 특정 실험 조건에 대한 경향성(어느 한쪽으로 쏠리는 결과)을 발견해 내요. 기록한 내용에서 새로운 중요한 질문이 나올 때도 있어요.

## 질문을 결코 멈추지 않아요

과학은 오랜 기간에 걸쳐서 엄청나게 발전했어요. 여러분들이 지금까지 살아온 기간 동안만 해도 완전히 새롭게 바뀐 기술이 많아요. 꾸준히 질문을 던지고, 새로운 것을 만들어 내는 과학자들 덕분에 앞으로 우리가 살아갈 세상이 어떨지 기대가 돼요.

### 간단한 과학 실험

어떤 물리학자가 다양한 경사면에서 블록을 내려보내면서 중력과 저항력을 조사하려고 한다.

**질문:** 어떤 경사면(비스듬히 기울어진 면)에서 블록이 가장 빨리 내려갈까?

**가설:** 매끄러운 표면을 가진 경사면에서 가장 빨리 내려간다.

**실험 재료:**
블록 1개
쟁반(받침판) 1개
받침판을 덮을 3가지 다른 재료: 기름, 사포, 부직포
스톱워치 1개

**실험 과정:**
쟁반으로 움직이지 않는 경사면을 만든다. 쟁반에 기름을 바른다. 기름을 바른 쟁반 위에서 블록을 아래로 떨어뜨린다. 스톱워치로 떨어지는 데 걸린 시간을 측정한다. 실험을 10번 반복하고 결과를 기록한다. 쟁반의 기름을 닦아 내고, 사포로 쟁반을 덮는다. 같은 실험을 진행한다. 쟁반이 기울어진 정도가 앞의 실험과 같은지 확인해야 한다. 사포를 떼어 내고, 이번에는 부직포로 쟁반을 덮고 같은 실험을 진행한다.

**결론:**
기름을 바른 쟁반 위에서 떨어뜨린 블록이 가장 빨리 내려왔다. 그러므로 매끄러운 표면에서 블록이 가장 빨리 내려간다.

**설명:**
매끄러운 표면은 미끄럽기 때문에 블록에 작용하는 저항이 가장 적다. 블록은 기름을 바른 쟁반 위에서 쉽게 미끄러져 내려갔다. 사포와 부직포로 덮은 면은 훨씬 더 울퉁불퉁하여 블록이 상대적으로 느리게 미끄러졌다.

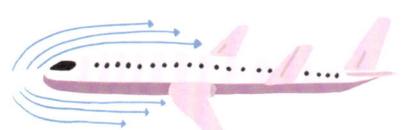

## 1장
## 동역학
### 세상의 모든 힘과 운동을 탐구하기

여러 힘은 물리학의 기초를 이루는 것들이에요. 잡아당기는 중력과
밀어내는 압력, 물에 띄우거나 가라앉는 힘 등, 모든 것에 물리학이 존재해요.

**동역학**은 힘 때문에 일어나는 움직임,
즉, 우리 우주에 존재하는 힘에 의한 작용을 탐구하는 학문이에요.
이 장에서는 중력, 압력, 마찰력, 저항력, 부력, 자기력과 같은 힘을 알아볼 거예요.
이러한 힘이 우리 세상에 어떻게 작용하는지도 알아보고요.
멈춰 있던 경주차는 어떻게 순간적으로 그토록 빨리 달릴 수 있을까요?
엘리베이터는 어떻게 오르락내리락할까요?
이제 힘의 작용이 가득 넘치는 물리 여행을 떠날 준비가 되었나요?

# 힘이 무엇인가요?

힘 덕분에 우리는 우리가 알고 있는 방식대로 살아가요. 땅 위에 머물러 있을 수 있고, 땅 위에서 걷거나, 차를 타고 다니고, 스케이트를 타기도 해요. 하늘을 날 수도 있지요. 만약 힘이 없다면 우리 삶은 지금과는 완전히 달라질 거예요!

## 힘이 뭔가요?

간단히 말해, 힘은 움직이는 물체의 속력이나 방향을 바꾸는 것을 말해요. 또 밀고 당기면서 물체의 모양을 바꾸는 것도 뜻하지요. 어떤 힘은 자전거 바퀴가 도로에 닿아 있는 것처럼 물체가 서로 맞닿아 있을 때 작용하지만, 어떤 힘은 서로 맞닿아 있지 않아도 작용해요. 자석으로 책상 위에 있는 클립을 끌어당기거나 공중으로 들어 올리는 걸 본 적 있지요? 이런 게 바로 작용하는 힘이에요!

## 힘의 균형과 불균형

어떤 힘은 항상 작용하고 있어요. 예를 들어, 중력은 물체가 지구 중심을 향하도록 늘 잡아당기고 있어요. 이 책을 읽고 있는 여러분도 잡아당기고 있지요! 또 생각해 볼 게 많은 다른 힘들도 있어요. 특히 작용하는 힘들이 서로 균형을 이루고 있지 않은 **불균형**일 때는 재미있는 현상이 많이 일어나요.

줄다리기를 떠올려 봐요. 양 팀이 상대 팀을 자기들 쪽으로 잡아당기지요. 만약 양 팀이 잡아당기는 힘이 같으면 두 팀은 모두 움직이지 않아요. 하지만 어느 한 팀이 상대 팀보다 더 세게 잡아당기면 이길 수 있지요!

# 뉴턴의 운동 법칙

1642년에 태어난 유명한 물리학자인 뉴턴(Isaac Newton)은 물체가 움직이는 데 힘이 어떻게 작용하는지 설명하는 세 가지 단순한 법칙을 발견했어요. **운동 법칙**이라고 하는 이 법칙은 아주 작은 원자부터 거대한 우주선까지 모든 것의 운동을 설명할 수 있어요.

## 1. 어떤 물체를 밀거나 당기지 않으면 그 물체는 현재의 운동 상태를 그대로 유지한다.

이 말은 멈추어 있는 물체는 계속 멈추어 있어요. 그리고 움직이고 있는 물체는 힘이 작용하여 현재 운동 상태를 바꾸지 않는 한 같은 속력으로 방향을 바꾸지 않고 그 운동 상태를 유지해요. 예를 들어, 여러분이 매끈한 얼음판 위를 미끄러져 나아간다면 뭔가에 부딪힐 때까지는 멈추지 않고 계속해서 미끄러져 나아갈 거예요.

## 2. 어떤 물체를 가속하거나 감속하는 정도는 그 물체에 작용하는 힘과 그 물체의 질량과 관련이 있다.

가속은 속도를 높이는 것이고, 감속은 속도를 낮추는 것을 뜻해요. 두 가지 모두 가벼운(**질량**이 작은) 물체에서 더 빠르게 일어나요. 경주용 자동차는 크고 무거운 트럭에 비해 훨씬 더 가벼워서 훨씬 더 빨리 가속할 수 있는 거예요. 이 법칙은 더 큰 힘을 가하면 가속이나 감속이 더 빨리 가능하다는 것 또한 알려 주고 있어요. 그래서 물체를 더 세게 밀수록 더 빠르게 움직인답니다!

## 3. 모든 작용에는 크기는 같고 방향이 반대인 반작용이 존재한다.

힘은 언제나 쌍으로 작용해요. 한 물체가 다른 물체를 밀 때 그 밀린 물체도 정확히 같은 크기의 힘으로 민 물체를 밀어내요. 로켓 발사도 이 원리로 이루어져요. 로켓 안에서 폭발이 일어나 얻게 된 추진력으로 땅을 밀면, 그 땅이 정확히 같은 크기(로켓을 우주 공간을 밀어 올릴 만큼)의 힘으로 로켓을 우주로 날려 보낸답니다.

# 중력에 붙잡혀 있는 우리

중력은 우리가 땅에 붙어 있게 붙잡고 있어요. 중력이 없다면 우리는 아마 둥둥 떠서 어디론가 사라져 버릴 거예요!
눈에 보이지는 않지만 아래로 잡아당기는 이 특별한 힘이 없다면
우리 집, 반려동물, 떨어지는 나뭇잎조차도 다 지구를 벗어나 우주 공간에서 떠다니게 돼요.
중력은 우리 태양계를 지금 모습 그대로 있게 해 주지요. 중력이 없다면 우주는 지금과는 엄청나게 다른 모습일 거예요.

 ## 질량의 발견

중력이 무엇인지 알게 된 건 1600년대 후반 아이작 뉴턴 덕분이에요. **중력**은 **질량**이나 에너지를 가진 물체들이 서로서로 잡아당기는 힘으로, 우리 주위 어디에나 있어요. 이 힘은 가까이 있을수록 더 커져요. 뿐만 아니라 질량이 큰 물체는 **더 큰 중력**으로 잡아당길 수 있지요. 예를 들어, 지구는 아주 무거워서 여러분을 포함한 모든 물체를 큰 힘으로 잡아당겨요. 땅 위에서 벗어나지 않도록 잘 붙잡고 있는 셈이에요. 물론 여러분도 지구를 잡아당기고 있어요. 지구가 느끼기에는 너무 작은 힘이지만요.

 ## 중력에 맞서기

물체는 아래로 떨어지면서 속력이 점점 빨라져요. 모든 물체가 다 그렇지는 않다고요? 맞아요. 돌멩이는 아래로 똑바로 떨어지는 것처럼 보이지만 깃털은 그렇지 않아요. 공중에 둥둥 떠서 이리저리 왔다 갔다 하다가 부드럽게 땅에 내려앉아요. **공기**가 중력에 맞서서 움직이는 물체를 이리저리 밀어내서 그런 것이랍니다. 공기와 만나는 면의 넓이가 클수록 공기 저항력도 커지지요.
스카이다이버는 낙하산으로 공기 저항을 크게 해서 떨어지는 속력을 낮추어요. 낙하산은 둥그런 모양으로 만들어 그 안에 공기를 가두고, 그 공기의 압력으로 떨어지는 속력을 낮춰요. 이를 통해 스카이다이버가 안전하게 착륙할 수 있게 하지요.

중력 · 공기 저항

## 중력은 우주가 잘 존재하도록 지켜요

중력은 모든 곳에 존재해요. 지구에만 있는 게 아니라 우주 공간에도 이 강력한 힘이 존재하지요. 지구는 달에 중력을 작용하여 우리 행성 주위를 **공전**하게 만들어요. 달도 같은 크기의 힘으로 지구를 잡아당겨요. 지구의 바다에서 **조수** 간만의 차이가 생기는 것은 바로 달의 영향을 받아서예요. 나아가 태양도 태양계의 모든 행성을 잡아당기며 태양계를 유지하고 있지요.
이처럼 중력이 우리 우주 전체가 잘 존재하도록 지키고 있답니다.

중력은 지구 밖에도 있어요

### ? 그냥 궁금해요

우주 비행사들은 지구 밖 우주 공간으로 나가면 키가 더 커져요! 지구에 있을 때는 중력이 모든 척추뼈를 동시에 아래로 잡아당기고 있어요. 하지만 중력이 거의 작용하지 않는 우주 공간으로 나가면 척추뼈가 펴지면서 키가 3퍼센트 정도 더 커지게 된답니다.

# 압력 안에서 사는 우리

공기도 없고 작용하는 힘도 없는 완전히 비어 있는 공간에서 우리는 존재할 수 없어요. 우리가 지구 위에 가만히 있더라도 우리에게 작용하는 여러 가지 힘이 있답니다. 중력은 땅 쪽으로 우리를 잡아당기고, 땅은 우리를 위로 밀어 받치고 있어요. 공기는 모든 방향에서 우리에게 압력을 가하며 누르고 있고, 우리 몸은 공기가 누르는 것에 반하여 밀어내고 있어요. 우리에게 작용하는 압력은 보통은 잘 느끼지 못하지만 가끔 느껴질 때도 있어요!

##  압력이 뭔가요?

**압력**은 단위 면적당 누르는 힘의 양이에요. 작용하는 힘은 강하거나 약할 수도 있고, 넓은 영역에 작용하기도 하고, 아주 작은 곳에만 작용할 수도 있지요. 압력은 바로 이런 다른 상황을 측정해 나타내요. 만약 작은 영역을 송곳 같은 것으로 강하게 밀면 **높은 압력**을 만들 수 있어요. 하지만 좀 더 넓은 영역을 손바닥으로 가볍게 밀면 **낮은 압력**이 만들어지지요. 이런 지식을 실제로 활용해 봐요. 작은 영역에 힘을 집중시키면 압력이 분산된 경우에 비해서 훨씬 강한 힘을 느낄 수 있어요.

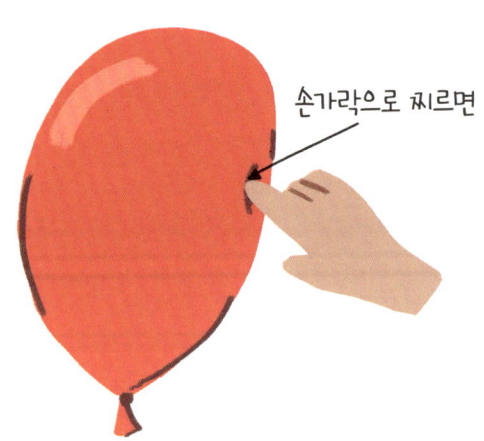

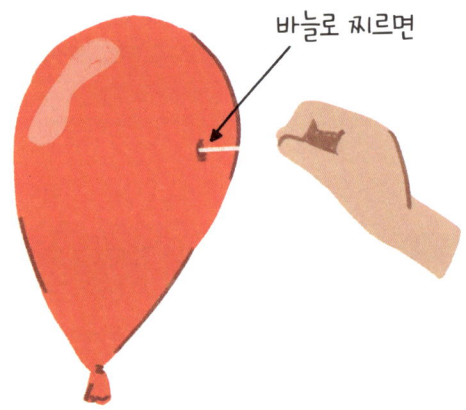

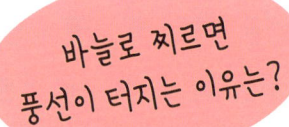

풍선을 예로 들어 볼게요. 손가락으로 풍선을 눌러서 터뜨리기는 쉽지 않아요. 왜냐하면 누르는 힘이 뭉툭한 손가락 끝으로 퍼져서 풍선에 작용하는 압력이 구멍을 뚫을 만큼 세지 않기 때문이에요. 그런데 바늘로 풍선을 찌르면 어떻게 될까요? 힘이 뾰족한 바늘 끝에 집중되어서 압력이 매우 커져요. 그래서 바늘로 풍선을 찌를 수 있어요. 이어서 풍선 안의 공기가 빠져 나오면… 펑! 터지고 말아요.

## 공기와 물에도 압력이 있어요

보통 공기에 무게가 있다고 생각하지는 않아요. 하지만 공기 분자 하나하나는 중력 때문에 무게를 가지고 있지요. 엄청나게 많은 양의 공기 분자가 모이면 공기는 압력을 만들 수 있어요. **대기층**은 지구를 감싸고 있는 거대한 공기 담요와 같아요. 대기층은 지구 표면을 아래로 눌러서 **공기의 압력**(기압)을 만들어요. 대기층 위쪽은 그 위로 공기가 별로 없어서 기압이 약해요. 하지만 지구 표면 가까이에는 그 위에 많은 공기가 있어 그 무게로 누르기 때문에 기압이 크답니다.

이 원리를 물에도 똑같이 적용할 수 있어요. **물의 압력**(수압)은 물의 무게가 누르는 힘으로 생겨요. 물 표면 가까이에서는 수압이 약해요. 하지만 더 깊은 바닷속으로 들어가면 수압은 커져요. 그 위에 있는 많은 양의 물이 그 무게로 누르기 때문이지요. 심해 잠수부는 이러한 고압(높은 압력)의 조건에서 수영할 수 있도록 특수 잠수복을 입고 공기탱크를 맨 채 바닷속으로 들어가요.

## 압력 측정하기

기압은 날씨와 함께 변해요. 과학자들은 **기압계**로 기압을 측정하고 날씨를 예측하지요. 기압이 높으면 하늘이 맑아지고 기온이 내려갈 거라 기대할 수 있어요. 반대로 기압이 낮으면 날씨가 따뜻해지고 폭풍이 발생할 수도 있어요! 또 공기 분자들은 압력이 높은 곳에서 낮은 곳으로 옮겨 가는 경향이 있답니다. 기상 예보관은 이러한 압력 차이를 보고 바람이 부는 시간을 미리 예측하지요.

# 마찰력을 이용하는 우리

아이스 링크를 가로질러 달려 본 적이 있나요? 그랬다면 마찰력이 얼마나 중요한지 알 수 있을 거예요. 마찰력이 없다면, 물건도 사람도 여기저기에서 모두 미끄러지고 넘어질 거예요!

## 마찰력이 뭔가요?

마찰력은 어떤 것을 느려지게 만드는 **저항**하는 힘이에요. 마찰력은 어떤 것이 움직이는 반대 방향으로 작용하고, 한 물체가 다른 물체와 비벼질 때 일어나는 힘이랍니다. 저항은 표면의 매끄러운 정도에 따라 달라져요. **매끄러운 표면**은 마찰력이 약해서 물건들이 쉽게 미끄러져요. 매끄러운 얼음 위에서 스케이트를 타거나, 미끄러운 눈 위에서 쉽게 스키를 타는 것이 그 예이지요. 반대로 **거친 표면**은 마찰력이 커요. 거친 카펫 위에서 무거운 소파를 죽 밀어 보내는 건 정말 어려운 일이지요.

## 미끄러지는 스키

어떤 물체의 모양을 잘 설계해서 작용하는 마찰력을 줄일 수 있어요. 스키는 매끄럽고, 가볍고, 또 평평해서 눈 위에서 타기 쉬워요. 이렇게 스키와 눈 사이에 저항이 거의 없도록 설계되었기 때문에 스키 선수들은 이것을 타고 손쉽고 빠르게 미끄러지며 죽 내려갈 수 있지요.

## 마찰력을 제어하는 자전거

반대로 어떤 물체들은 마찰력을 제어해서 미끄러지지 않도록 설계해요. 신발 바닥에는 울퉁불퉁한 홈을 만들어서 걸을 때 미끄러지지 않고 땅과 잘 붙어 있을 수 있게 했어요. 자전거에도 마찰력을 제어하는 기발한 도구들이 많이 붙어 있어요. 덕분에 우리는 자전거를 편안하게 탈 수 있어요.

자전거 체인에는 기름이 칠해져 있어요. 이것은 **윤활유**로, 마찰을 줄여서 미끄럽게 해 주는 물질이지요. 기름은 자전거 체인을 부드럽게 움직이게 해 준답니다.

손잡이, 페달, 안장의 표면은 울퉁불퉁해요. 그래야 손, 발, 엉덩이가 제자리에서 잘 미끄러지지 않을 수 있으니까요.

멈출 때는 브레이크 패드를 써서 바퀴를 잡아 줘요. 브레이크 패드와 바퀴 사이의 마찰력이 커지면 자전거 속도가 줄어들지요.

자전거 바퀴는 얇아서 아주 작은 표면만 도로와 닿게 돼요. 이렇게 하면 마찰력이 줄어들어서 자전거가 계속해서 잘 움직일 수 있어요.

바퀴는 얇아서 도로 위에서 잘 굴러가요

도로와 바퀴 사이의 마찰력은 자전거 속도를 줄여요

 ## 마찰력이 작용하면 열이 나요

마찰력이 작용하면 **열**이 발생해요. 여러분도 양손을 맞대어 비벼 보세요. 따뜻해지는 걸 느낄 수 있지요? 자동차 바퀴가 도로 위에서 굴러갈 때에도 이와 마찬가지로 열이 나요. 도로에서 고무 타는 냄새를 맡아 본 적이 한 번쯤 있을 거예요. 이것은 도로 위에서 바퀴가 제대로 굴러가지 않고 미끄러지거나 헛돌면서 생기는 마찰로 인해 아주 뜨거워지기 때문이랍니다.

# 움직임을 방해하는 저항의 힘

중력 같은 힘들은 실제로 존재하고, 우리 일상에서 항상 작용하고 있지만 잘 알아차리지 못해요. 그런데 우리가 어떤 활동을 하는 것을 정말로 어렵게 느끼게 하는 힘도 있어요. 예를 들어 공기와 물의 저항은 **항력**이라는 힘을 만들어서 우리의 움직임을 방해한답니다.

## 저항이 뭔가요?

**저항**은 마찰력이 작용할 때 일어나요. 마찰력은 물체가 운동하는 반대 방향으로 밀면서 속력을 늦추는 힘이고, 저항은 물체가 빨리 움직일수록 더 커져요.

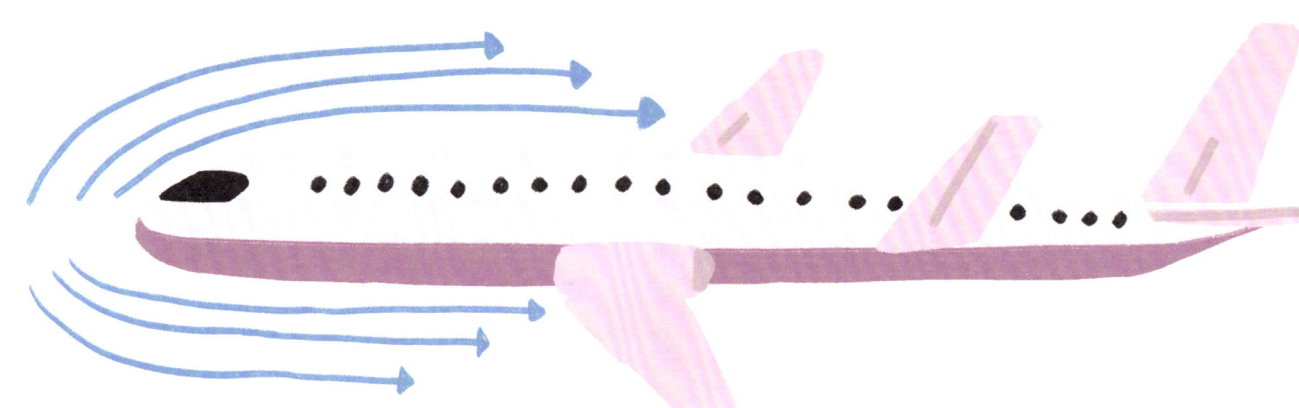

## 공기 저항

**공기 저항**은 물체와 공기 사이에서 일어나는 마찰이에요. 여러분이 자전거를 빨리 탈 때를 떠올려 보세요. 얼굴로 불어오는 바람을 맞을 때 공기 저항을 느낄 수 있어요. 자동차, 자전거, 비행기는 모두 이러한 공기 저항과 항력을 줄여주는 유선형 모양을 가지도록 **공기 역학적**으로 설계되어 있답니다.

비행기는 다가오는 공기의 흐름을 빠르게 바꿔 돌아 나갈 수 있도록 길고 둥근 모양으로 되어 있어요. 얇고 뾰족한 물체는 넓고 평평한 표면을 가진 물체보다 공기 저항을 훨씬 덜 받는답니다.

### 그냥 궁금해요

자동차는 최대한 유선형의 모양을 가지도록 설계해요. 그런데도 자동차에 들어가는 연료의 절반 이상은 항력을 이겨 내는 데 쓰이고 있어요.

## ✳ 물의 저항

**물의 저항**은 물체와 물 사이에서 일어나는 마찰이에요. 물속에서 움직이는 물체를 느리게 만드는 건 바로 물이에요. 공기 저항과 마찬가지로, 물의 저항은 빨리 움직이거나 넓은 면을 가지고 있는 물체에 더 크게 작용해요. 공기 저항을 덜 받게 설계된 자동차나 비행기처럼 많은 바다 동물들도 바닷속에서 재빠르게 헤엄쳐 움직일 수 있도록 유선형 몸을 가지고 있어요. 바다에서 최상위 포식자인 거대한 백상아리는 어뢰(물속에서 자체적으로 추진하여 목표물에 도달하면 폭발하는 무기)같이 생긴 몸으로 물속을 빠르게 추진해 나가며 먹이를 사냥한답니다!

여러분이 수영할 때도 여러분 피부와 물 입자들 사이에 마찰력이 작용해요. 그래서 물의 저항을 이기려고 노력하고, 물을 뚫고 나아갈 수 있도록 스스로를 끌어당겨야 해요. 느려지지 않도록, 가능한 한 물의 저항을 덜 받도록 머리를 물속에 넣고 손과 팔을 쭉 뻗어야 해요. 그렇게 하면 앞으로 나아갈 수 있답니다!

물의 저항을 이겨내요

# 물에 둥둥 뜨는 부력의 힘

어떤 물체가 물 안에 있으면, 다른 종류의 여러 힘들이 그 물체에 작용해요.
앞에서 배운 것처럼 물체가 움직이려고 하면 반대 방향으로 작용하는 물의 저항이 있지요.
하지만 물체가 뜨거나 가라앉는 건 왜일까요? 어떻게 물체는 가라앉거나 떠 있는 상태로 있을 수 있을까요?

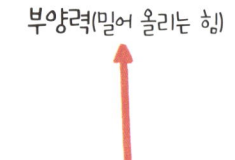
왜 가라앉고 왜 뜰까?

부양력(밀어 올리는 힘)
무게

 ## 부력이 뭔가요?

**부력**은 물이나 다른 액체에서 어떤 것을 떠 있게 하는 힘이에요.
떠 있는 물체는 **부력을 받는다**고 해요. 혹시 수영장의 가장 깊은 바닥까지 수영해서 들어가려고 해 본 적 있나요? 만일 있다면 여러분을 밀어 올리려는 부력을 느꼈을 거예요.

 ## 계속 떠 있는 이유

물에 있는 모든 물체에는 두 힘이 작용하고 있어요. **무게**, 그러니까 물체 스스로의 무게가 아래로 끌어당겨요.
**부양력**은 물이 물체를 위로 밀어 올리는 힘이에요. 물속에 들어간 물체의 부피만큼 밀려난 물의 무게가 부양력이 된답니다. 만약 물과 밀도가 같은 물체가 물속에 완전히 잠기면 밀려난 물로 인한 부양력과 물체의 무게가 같아져요. 이렇게 두 힘의 크기가 같으면 물체는 그대로 물속에 **정지**해 있을 거예요. 물보다 밀도가 작은 물체는 물속에 완전히 잠기지 않아요. 만약 이 물체를 물속에 완전히 밀어 넣으면, 밀려난 양의 물이 물체보다 무겁기 때문에 부양력이 무게보다 더 커서 물체는 **부유**(둥둥 뜨며)하며 표면 위로 올라가게 돼요. 이것이 바로 호수 위에 깃털이나 가벼운 나뭇가지가 떠 있을 수 있는 이유랍니다.

### 그냥 궁금해요

아라비아반도에 있는 사해라는 호수에서는 사람이 저절로 둥둥 떠 있을 수 있어요. 이 호수의 물은 소금기의 비율이 높아서 밀도가 보통 물보다 훨씬 크지요. 그래서 사람 몸의 일부만 물속에 들어가도 그만큼 밀려난 물에 의한 부양력이 몸무게와 같아져서 둥둥 떠다닐 수 있는 거예요!

## 균형이 깨지면 가라앉아요

반대로 무게가 부양력보다 더 크면 물체는 **가라앉아요**. 예를 들어, 무거운 닻은 호수 바닥까지 똑바로 가라앉아 박혀서 떠 있는 배가 그 자리에서 벗어나지 않도록 해 주지요.

 ## 물고기의 부레

물고기나 다른 바다 동물들은 물속 세상에 잘 적응하도록 똑똑하게 진화했어요. 물 위로 완전히 떠오르거나 물 바닥으로 푹 가라앉지 않고 물속에서 지내려면 무게와 부양력을 잘 조절할 수 있어야 해요. 대부분 어류는 이 두 힘이 거의 같아요. 그래서 바다의 바닥이나 표면의 중간쯤 어딘가에서 잘 머물러 살지요. 물고기는 지느러미 말고도 아래위로 움직일 수 있게 해 주는 다른 부분이 있어요! 산소를 저장할 수 있는 부레라고 하는 공기주머니예요. 위로 올라가고 싶으면 부레에 산소를 더 넣어 주고, 반대로 깊은 곳으로 내려갈 때는 산소를 빼낸답니다.

# 자석이 만드는 자기력의 힘

자석이 만드는 현상은 환상적이에요. 자연적으로 일어나든, 인간이 만들든 말이에요.
자석은 물체들이 함께 모이게 할 수도 있고, 서로 밀어내게 할 수도 있고, 심지어 하늘에서 춤을 추게 할 수도 있어요.
자석은 과학자들이 물리학을 통해 이해하게 된 세상의 신비로움이지요.

 ## 자기력이 뭔가요?

**자성**은 금속성을 띤 두 물체 사이에 자기력이 작용하게 하는 성질이에요. 자성은 전하(물체 내의 전자가 가지는 정전기의 양)로 만들어지며 물체들 사이에 **인력**(서로 끌어당김)이나 **척력**(서로 밀어냄)이 작용하도록 해요. 이렇게 자성을 가지는 물체는 자석이 될 수 있는데, 자석은 항상 N극과 S극 두 개의 **극성**을 가지고 있어요. 같은 극성(N극과 N극 또는 S극과 S극)끼리 서로 가까워지면 서로 밀어내고, 반대 극성(N극과 S극)끼리 서로 가까워지면 두 자석은 서로를 끌어당겨요.

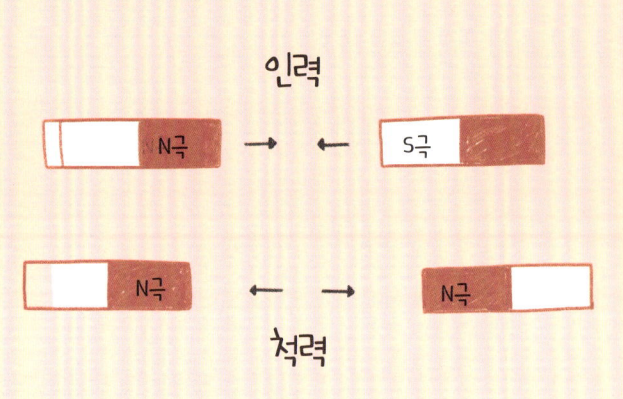

 ## 자성을 가진 물질들

모든 물질이 자성을 가지는 건 아니에요. 사실은 몇몇 물질만 자성을 가지고 있답니다. 자성을 가지려면 우선 **금속 물질**이어야 해요. 그리고 막대 자석처럼 N극과 S극을 동시에 가지고 있는 매우 작은 입자들이 같은 방향으로(나침반 여러 개를 책상 위에 놓으면 나침반 바늘이 같은 방향으로 정렬하는 것처럼) 배열할 수 있는 물질이어야 하지요. 철, 강철, 니켈, 코발트가 자기 금속이에요. 은과 금 같은 금속은 자기력을 가지고 있지 않아요.
어떤 금속은 항상 자성을 가지고 있는데, 이 금속을 **강자석** 또는 **영구 자석**이라고 불러요. 냉장고에 흔히 붙어 있는 자석이 바로 이거예요. 어떤 금속은 스스로는 자석이 아니지만 자석이 가까이 있을 때 자석이 되는 것도 있어요. 이런 물질을 **상자성 물질** 또는 **일시적인 자성 물질**이라고 해요.

## 세상은 자석으로 가득해요

자석은 인류에게 중요한 역할을 하고 있어요. 재활용 공장에서 사용할 때는 지구 환경을 지키는 역할을 해요. 거대한 자석 크레인은 자성 금속만 끌어당겨 분리해서 재활용을 할 수 있도록 돕거든요. 이처럼 자석 덕분에 모든 것이 쓰레기가 되어 땅에 묻히는 걸 막아 준답니다. 자석은 정교한 고속 열차에도 사용돼요. 미래형 자기 부상 열차는 자석의 척력으로 선로 위에 부상하여(떠서) 선로와 접촉하지 않은 채 달려요.

더 놀라운 게 있어요. 바로 지구 스스로 거대한 자석이라는 거예요! 지구의 핵에서 녹은 철이 움직이거든요. 이를 통해 지구의 북극과 남극 사이에 눈에 보이지 않는 **자기장**이 형성돼요. 이 자기장은 태양에서 불어오는 태양풍(주로 자성과 전하를 띄고 있는 전자와 양성자로 이루어져 있어요)의 입자를 끌어당기고, 대기권으로 들어온 이들 대전 입자들은 대기와 충돌해서 타서 없어져요. 이때 나오는 빛의 신비로운 장면이 오로라예요. 주로 북극 지방에서 볼 수 있어서 북극광이라고도 부르지요.

### 그냥 궁금해요

거대한 자석인 지구는 북극이 자석의 S극이 되고 반대로 남극이 N극이랍니다.
우리가 나침반을 들고 있으면 나침반 바늘의 N극이 자기력의 인력에 의해 지구의 북극(S극)을 향하므로 방향을 알 수 있어요. 그런데, 만약 여러분이 나침반을 들고 지구의 북극점 바로 위에 서 있다면 나침반 바늘의 N극은 지구 북극(S극)이 있는 아래를 향할 거예요. 반대로 지구의 남극점 바로 위에 서 있다면 나침반 바늘의 S극이 아래를 향한답니다!

 # 힘을 이용하는 도구들

우리 주위에 작용하고 있는 힘에 맞서기보다는 오히려 힘을 잘 이용해서 일상 속 일들을 더 쉽게 할 수 있어요. 힘을 잘 이용할 수 있게 만든 도구로, 손으로 할 때 드는 노력을 줄여 훨씬 쉽게 물건을 옮기고 작업할 수 있지요. 이처럼 물리학은 더 편리하고 효율적인 세상을 만들고 이어 가는 데 큰 도움이 돼요.

##  더 큰 힘으로 바꾸는 도구

무언가에 준 힘을 간단한 도구를 이용해서 **증폭**할 수 있어요. 여러분이 무언가에 힘을 작용하면 그 도구가 그걸 더 큰 힘을 바꾸어 주는 거예요. 이런 도구를 이용하면 무거운 물체를 더 쉽게 들어 올리고, 버티고 있는 뭔가를 더 쉽게 끌어당길 수 있어요.

##  지렛대로 힘을 증폭하기

무거운 물체를 들어 올리는 방법의 하나가 **지렛대**를 이용하는 거예요. 지렛대는 **받침점**이라고 하는 고정된 점 위에 놓여 있는 막대랍니다. 받침점을 기준으로 막대의 한쪽 끝을 누르면 다른 쪽이 올라가지요. 시소를 탈 때 한쪽이 올라가면 반대쪽이 내려가는 것도 같은 원리예요. 막대의 한쪽 끝 가까운 곳에 받침점을 놓으면 그 받침점을 기준으로 한쪽은 짧고 다른 쪽은 긴 지렛대가 돼요. 이때 짧은 쪽 끝에 물체를 올려놓고 긴 쪽의 끝을 누르면 그 물체를 손으로 들어 올릴 때보다 훨씬 더 작은 힘으로 위로 들어 올릴 수 있답니다. 지렛대의 원리는 가위나 가위 모양의 집게 같은 간단한 도구에도 활용돼요. 집게 양 손잡이를 가볍게 잡아도 받침점의 반대쪽 집게 부분에 힘이 증폭되어 집는 힘이 세진답니다.

##  기어로 힘을 증폭하기

**기어**는 톱니를 가진 바퀴예요. 다른 기어나 체인과 톱니를 맞추어 서로 연결되지요. 한쪽 기어를 한 방향으로 돌리면, 톱니에 맞물려 있는 다른 기어는 반대 방향으로 돌아간답니다. 톱니 수가 많고 작은 기어는 빨리 돌아가는 반면, 작은 힘을 만들어요. 이와 달리 톱니 수가 적고 큰 기어는 천천히 돌아가지만, 큰 힘을 낼 수 있어요. 자동차, 자전거, 아날로그 시계 등 일상에서 사용하는 많은 장치들이 기어를 이용하고 있어요. 기어를 돌려 힘을 증폭해서 작동시키는 거지요. 예를 들어, 자전거 페달을 밟아 기어를 돌리면 체인으로 연결된 뒷바퀴가 돌아가고 마침내 자전거가 앞으로 나가요!

기어

## 도르래로 힘을 증폭하기

**도르래**는 무거운 물건을 들어 올리는 단순한 도구예요. 도르래는 홈이 있는 바퀴와 거기에 걸려 있는 밧줄로 이루어져 있어요. 밧줄 한쪽 끝을 잡아당겨 다른 쪽 끝에 연결된 짐을 들어 올리지요. 물건을 직접 들어 올리는 것보다 도르래에 매달아 밧줄을 잡아당겨 들어 올리는 게 더 쉬워요. 훨씬 더 무거운 짐을 들어 올릴 때는 도르래 여러 개를 합쳐서 만든 **복합 도르래**를 사용해요. 도르래를 여러 개 거치면서 짐을 들어 올릴 때 필요한 **힘**이 줄어들거든요. 크레인도 이러한 복합 도르래를 이용해요. 한쪽 끝을 작은 힘으로 잡아당겨도 여러 도르래를 통해 힘이 증폭되면서 다른 쪽 끝에 매달려 있는 무거운 짐을 들어 올릴 수 있지요.

**엘리베이터**도 도르래로 작동해요. 바퀴에 걸린 커다란 금속 케이블 한쪽 끝이 승객을 싣는 상자에 이어져 있어요. 케이블의 다른 쪽 끝에는 승객을 싣는 상자와 균형을 맞추고 잡아당길 수 있을 만큼 꽤 무거운 **평형추**가 매달려 있지요. 전기 모터로 그 케이블을 위로, 아래로 움직이면 엘리베이터도 따라서 위로, 아래로 움직이게 되는 거랍니다.

도르래로 작동해요!

도르래

엘리베이터

## 2장
# 에너지와 전자
### 에너지와 전기에 대한 모든 것

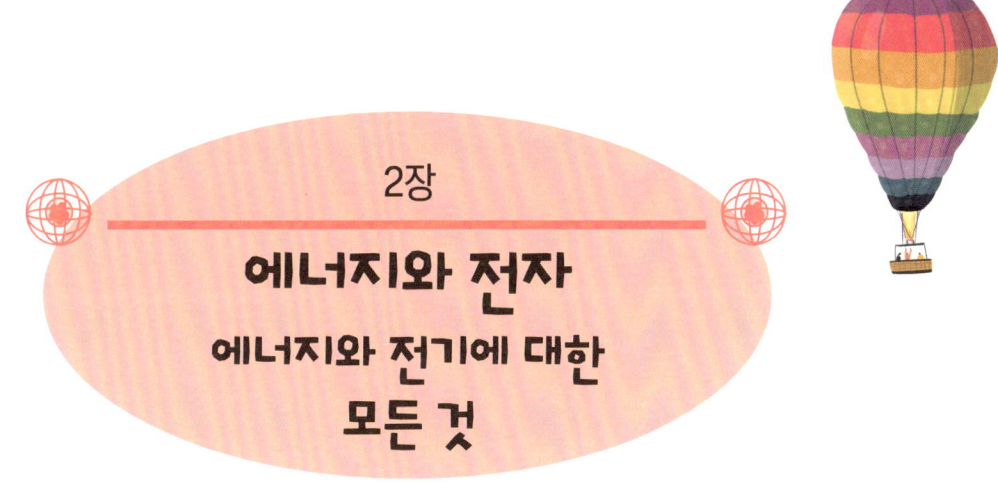

에너지로 세상은 환하게 밝아져요. 그뿐만 아니라 어떤 일이 일어나게도 돼요!
식물이 자라고, 사람들이 춤추고, 자동차가 달려요. 세상의 어떤 것이라도 움직이려면
에너지가 필요하답니다. 에너지는 다른 형태로 바뀌거나, 다른 곳으로 이동할 수도 있으며,
저장할 수도 있어요. 에너지는 열, 빛, 전기 등 다양한 모습을 가지고 있어요.
정말로 이 세상의 모든 곳에 에너지가 있어요!

**에너지학**은 에너지가 어떻게 작용하고 전달되는지, 어떻게 모습을 바꾸는지 등
에너지에 대해 탐구하는 학문이에요. 이 장에서는 에너지를 어디서 얻는지,
어떻게 사용하는지, 어떤 종류가 있는지, 어떤 방식으로 에너지를 활용하는지를 알아볼 거예요.
또 **전자학**을 알아보면서 에너지가 전자 회로를 통해 어떻게 전송되는지도 배울 거예요.
자, 이제 페이지를 넘겨 봐요. **에너지를 느낄** 준비가 되었지요?

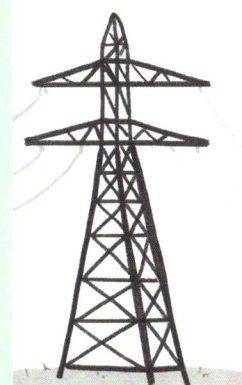
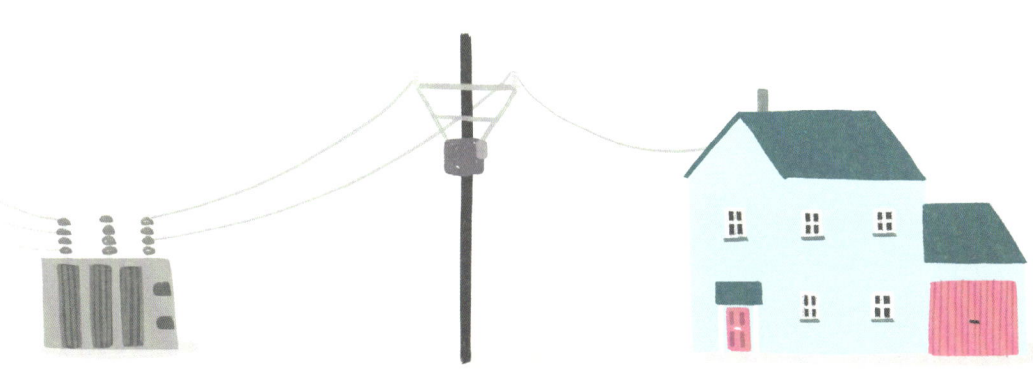

# 원자에 대한 모든 것

에너지는 물질을 구성하는 입자들의 움직임과 관련되어 있어요. 우주 안의 모든 것은 원자로 이루어져 있지요. 하늘에서 내리는 비도, 여러분이 사는 집도, 여러분의 코도, 하늘의 별들도… 우리 세상을 구성하고 있는 물질 모두가 원자로 이루어져 있답니다.

 ## 물질이 뭔가요?

**물질**은 물체를 구성하는 거예요. 모든 물질은 원자라고 하는 작은 입자들로 이루어져 있어요.
**원자**는 정말 정말 작아요. 모래 알갱이 하나에 무려 6천경(60,000,000,000,000,000,000) 개의 원자가 들어 있어요! 원자들이 어떻게 배열되는지에 따라 물질은 다양한 형태(고체, 액체, 기체, 또는 투명, 불투명)를 가질 수 있답니다.

 ## 원자 속을 봐요

원자는 정말 작지만, 그 안에 훨씬 더 작은 입자들이 또 들어 있어요. 이것들을 원자 속 입자 또는 아원자 입자라고 부른답니다.

**전자**는 껍질 같은 궤도에서 원자핵 주위를 맴돌고 있어요. 전자는 **음의 전하**를 가진답니다. 양성자는 전자를 끌어당겨요. 양의 전하와 음의 전하가 서로를 끌어당기듯 말이에요. 전자는 양성자와 중성자보다 훨씬 더 작답니다.

**원자핵**은 원자의 중심부에 있고, 양성자와 중성자로 이루어져 있어요.

**양성자**는 원자핵을 구성하는 입자의 한 종류에요. **양의 전하**를 가지고 있고요.

**중성자**는 원자핵을 구성하는 다른 종류의 입자예요. 중성자는 전하를 띠고 있지 않아요. 중성자와 양성자의 질량은 거의 같아요.

##  원자와 원자의 결합

원자핵 안에 있는 양성자의 수에 따라 원자가 어떤 종류의 물질인지 분류할 수 있어요. 예를 들어 양성자 79개를 가지고 있는 원자를 '금'이라고 해요. 양성자 8개를 가지고 있는 원자는 '산소'예요. 금이나 산소 같은 이런 것들을 **원소**라고 해요.

원자는 다른 원자와 결합해서 **분자**를 만들기도 해요. 분자 하나는 2개 이상의 원자가 서로 결합해서 만들어져요. 원자가 어떻게 결합하는지에 따라 분자가 어떤 종류인지도 분류할 수 있지요.
산소 원자 1개가 수소 원자 2개와 결합하면 액체인 물 분자가 만들어져요. 물방울 하나에는 엄청난 수의 분자가 들어 있답니다. 산소 원자 2개와 탄소 원자 1개가 결합하면 액체가 아니라 기체인 이산화탄소가 돼요. 산소 원자 2개만 서로 결합하면 우리가 숨 쉬는 데 없어서는 안 되는 가장 중요한 기체인 산소가 만들어진답니다.

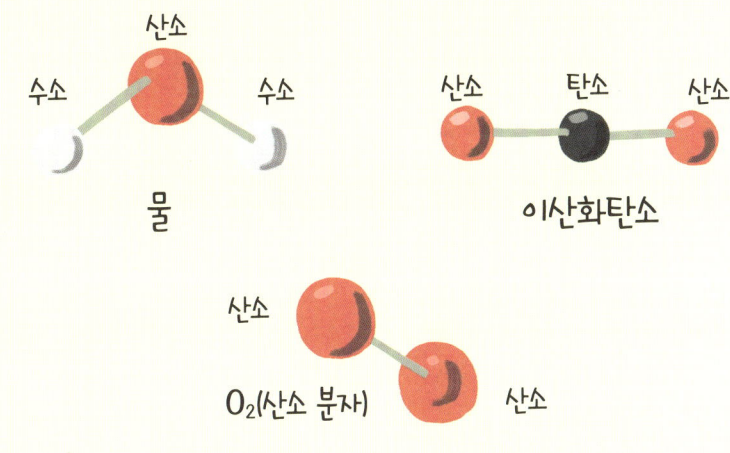

### 그냥 궁금해요
우리 몸에 있는 모든 원자들은 수십억 년에 걸쳐서 다시 활용되고 또다시 활용되고 있어요.

# 세상을 활기차게 해 주는 에너지

사람, 나무, 차, 집 등 수많은 것들이 에너지를 필요로 해요. 에너지가 없다면
우리 세상은 춥고, 깜깜하고, 생명이 없는 곳이 될 거예요.

 ## 에너지가 뭔가요?

에너지는 무슨 일이든 일어나게 해요. 움직이고, 빛과 열을 내는 등 우주에서 일어나는 모든 일은 에너지가 있어서 가능하지요. 에너지는 아래처럼 여러 가지 다른 모습으로 나타날 수 있어요.

**열에너지**는 따뜻하게 해 줘요. 뜨거운 곳에서 차가운 곳으로 이동하지요. 예를 들어, 불을 피우면 그 주위에 앉아 있는 사람들에게 열과 빛이 전달돼요.

**빛 에너지**는 빛나는 물체에서 나와요. 빛은 직진하다가 다른 물체에 반사되면서 우리 눈으로 들어오지요.

**소리 에너지**는 진동으로 만들어져요. 진동은 공기를 통해 나아가다가 우리 귀에 도달해요.

**전기 에너지**는 함께 움직이는 대전된(전기를 띠는) 입자에서 나와요. 전선을 따라 흐르는 전류를 통해서 우리가 쓰는 전자 기기에 전원을 켤 수 있어요. 번개를 치게 할 수도 있고요!

##  태양이 지구에 에너지를 공급해요

**태양**은 엄청난 양의 에너지를 우리 지구에 공급해요. 우리가 주위를 볼 수 있고 따뜻하게 지낼 수 있게 빛과 열 모두를 가져다주지요.

태양은 주로 수소 원자로 이루어져 있어요. 태양이 너무 뜨거워서 이 수소 원자들은 전자가 떨어져 나가고 양성자인 원자핵으로만 존재한답니다. 이 원자핵이 결합해서 헬륨 원자를 만들어요. 이처럼 원자가 합해져서 더 무거운 원자핵이 만들어질 때 에너지가 발생하는 거예요. 이 과정을 핵융합이라고 해요. **핵융합**에서는 정말로 어마어마한 에너지가 나와요!

##  에너지는 모습을 바꾸어요

과학자들은 우리 우주의 모든 에너지가 138억 년 전에 일어난 빅뱅으로부터 왔다고 믿어요. 오늘날 존재하는 에너지는 새롭게 만들어지거나 없어지지 않아요. 에너지는 한 형태에서 다른 형태로 모습만 바꾼답니다. 예를 들어, 태양에서 온 에너지는 식물로 전달되어 식물이 자라는 데 필요한 양분으로 사용돼요. 동물들이 그 식물을 먹으면 에너지가 동물에게 전달되고요. 에너지는 나중에 사용하기 위해서 배터리 같은 곳에 저장해 놓을 수도 있어요.

##  $E=mc^2$

1879년에 태어난 알베르트 아인슈타인(Albert Einstein)은 20세기에 가장 유명한 과학자 중 한 명이에요. 아인슈타인이 찾은 $E=mc^2$이라는 방정식은 아인슈타인보다도 더 유명하지요! 그는 물질과 에너지가 같은 것임을 보여 주었어요. 본질적으로 물질은 에너지인 양성자나 전자와 같은 입자들로 구성되어 있어요. 아인슈타인의 방정식이 알려 주는 건 질량(m)을 가진 물질은 여기에 어마어마하게 큰 숫자인 빛의 속력 제곱($c^2$)을 곱한 양만큼의 에너지(E)를 가지고 있다는 거예요! 다르게 표현하면 이 물질에서 약간의 질량만 줄어들더라도 그 줄어든 질량에 빛의 속력 제곱을 곱한 양만큼의 엄청난 에너지가 방출된다는 걸 알려 주는 것이지요! 간단히 말해 원자 폭탄이 어마어마한 폭발을 일으키듯 아주 적은 양의 물질이라도 엄청난 양의 에너지를 방출할 수 있다는 뜻이랍니다.

# 나중을 위해 저장해 놓는 에너지

에너지는 돈과 비슷하게 생각할 수 있어요. 돈은 나중에 쓰기 위해 금고에 넣어 두거나 저축할 수 있어요. 아니면 바로 써서 어떤 일을 할 수도 있고요. 에너지도 마찬가지예요. 나중을 위해 잠재력(퍼텐셜)을 저장하기도 하고, 바로 쓸 수도 있답니다. 자, 그럼 여러 종류의 에너지에 대해 살펴볼까요?

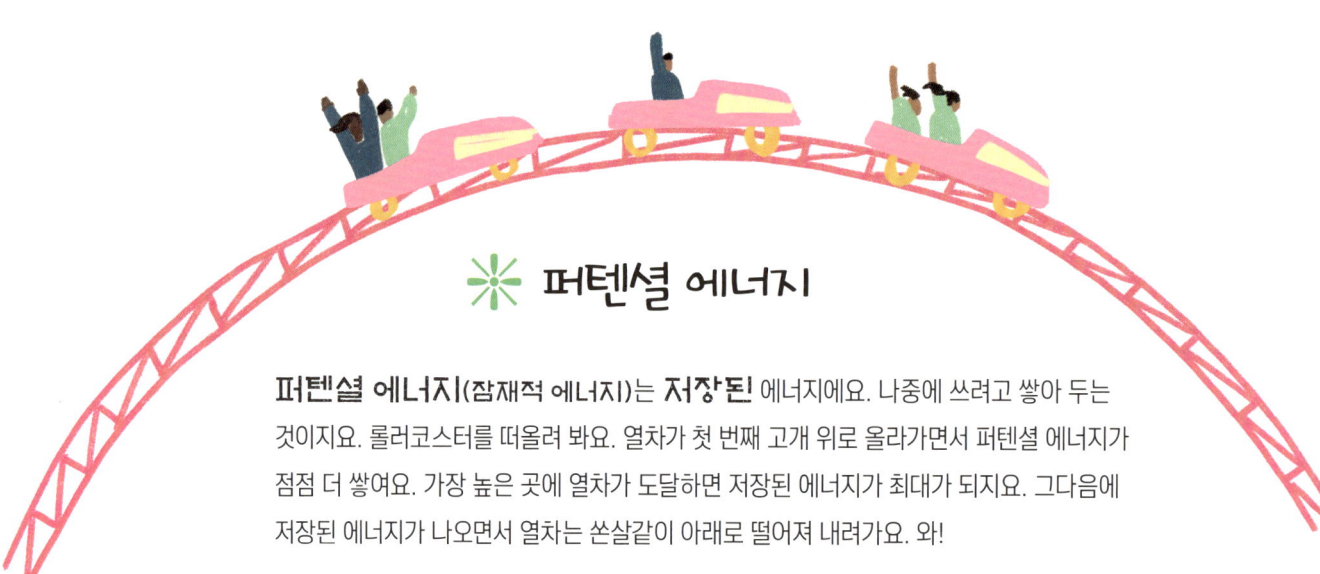

## ❋ 퍼텐셜 에너지

**퍼텐셜 에너지(잠재적 에너지)**는 **저장된** 에너지예요. 나중에 쓰려고 쌓아 두는 것이지요. 롤러코스터를 떠올려 봐요. 열차가 첫 번째 고개 위로 올라가면서 퍼텐셜 에너지가 점점 더 쌓여요. 가장 높은 곳에 열차가 도달하면 저장된 에너지가 최대가 되지요. 그다음에 저장된 에너지가 나오면서 열차는 쏜살같이 아래로 떨어져 내려가요. 와!

## ❋ 탄성 퍼텐셜 에너지

용수철을 누르거나 밴드를 잡아당기면 **탄성 퍼텐셜 에너지**가 생겨요. 이 에너지는 눌리거나 늘어난 물질에 저장된답니다. 더 많이 늘어나거나 눌리면 에너지도 더 많이 저장돼요. 누르거나 늘리려고 주었던 힘을 빼는 순간, 저장된 에너지가 나오면서 변형된 모양이 원래 모양으로 돌아가려고 한답니다.

## ✳ 중력 퍼텐셜 에너지

모든 물체는 중력에 따라 지구 중심으로 잡아당겨져요. 그래서 **중력 퍼텐셜 에너지**를 가지는 것이지요. 물체가 더 높은 곳에 있거나 더 무거울수록 더 큰 중력 퍼텐셜 에너지를 가지게 돼요. 여러분이 공을 머리 위로 들어 올리면, 공에게 중력 퍼텐셜 에너지를 공급하는 거예요. 들어 올린 공을 놓으면 이 퍼텐셜 에너지 때문에 공은 땅이나 여러분 머리 위로 떨어져요.

## ✳ 퍼텐셜 에너지가 운동 에너지로 바뀌어요

퍼텐셜 에너지는 **운동 에너지**로 바뀌기도 해요. 운동 에너지는 움직이는 물체가 가지는 에너지예요. 물체가 더 빠르게 움직일수록 더 큰 운동 에너지를 가져요. 롤러코스터의 가장 높은 곳에 있던 열차가 경사 아래로 달려 내려가면서, 저장되었던 퍼텐셜 에너지가 운동 에너지로 바뀌는 것이지요. 중력과 함께 이렇게 생긴 운동 에너지로 롤러코스터의 속도가 빨라져요. 우주에서 움직이고 있는 모든 게 다 운동 에너지를 가지고 있어요. 치타가 속력을 높이며 달릴 때에도 치타 자신의 근육에 저장된 퍼텐셜 에너지를 운동 에너지로 바꾸는 거랍니다.

## ✳ 화합물의 결합이 끊어질 때 나오는 에너지

**화학 에너지**는 물질을 구성하는 원자들을 묶는 결합에 저장되어 있어요. 그래서 화학 반응으로 이 결합이 끊어지면 화학 에너지가 빠져나오게 되지요. 연료나 음식에는 아주 많은 화학 에너지가 들어 있답니다. 음식을 먹으면 우리 몸속에서 음식물을 이루는 화합물의 결합이 끊어져요. 바로 여기에서 나오는 에너지가 우리에게 전달되는 것이지요.

# 한정된 에너지

우리가 사는 세계가 돌아가려면 에너지가 필요해요. 우리는 어떻게 에너지를 활용할까요? 에너지를 얻을 수 있는 에너지원에는 여러 가지가 있어요. 다 사용해서 결국 없어지는 것도 있고, 없어지지 않고 계속 얻을 수 있는 것도 있지요. 사라지면 다시 얻을 수 없는 에너지에 대해서 먼저 살펴봐요.

## 고갈되는 에너지원

고갈되면 다시 얻을 수 없는 자원에서 나오는 에너지를 **비재생 에너지**라고 해요. 이런 에너지는 다시 만들어지기까지 걸리는 시간이 너무 길어서 지금처럼 에너지를 계속 소비하다 보면 결국 다 없어질 거예요. 자동차, 비행기, 공장 등 많은 곳에서 사용하는 석유, 석탄, 천연가스 등이 비재생 에너지예요.

## 화석 연료

**화석 연료**는 석탄과 석유 같은 천연연료를 말해요. 수백만 년 전에 존재했던 유기체의 잔해에서 만들어진 것이지요. 오랜 세월 동안 유기체가 여러 지층 사이에 묻혀 형성되었어요. 우리는 그것을 채굴해서 필요한 물질과 연료를 뽑아내요.

> 화석 연료는 오랜 시간이 걸려서 만들어져요

화석 연료에는 엄청난 양의 **에너지가 저장**되어 있어요. 예를 들어, 석탄은 예전에는 식물이었어요. 식물은 태양으로부터 에너지를 받아 그것을 화학 에너지의 형태로 저장했고, 그 에너지를 가지고 있는 상태로 땅에 묻혔지요. 석유와 천연가스는 해저 아래 이렇게 묻혀 있던 바다 식물이나 동물에서 만들어진 거예요. 해양 동식물이 저장했던 에너지도 같이 매장되어 있기 때문에 우리가 에너지원으로 쓸 수 있는 것이지요.

##  발전소에서 발전하기

화석 연료를 태울 때 나오는 열을 이용하여 화학 에너지를 운동 에너지로 바꿀 수 있어요. 화석 연료를 태워 나오는 열로 전력을 만드는 곳이 바로 발전소예요.

## 지구가 더워져요

화석 연료를 태우면 엄청난 양의 **이산화탄소**가 나와요. 이산화탄소는 우리 지구가 태양에서 받는 열에너지를 내보내지 않고 대기층에 가두는 역할을 합니다. 공장이나 자동차에서 석탄이나 석유를 태워 나오는 이산화탄소가 대기층에 많아질수록 지구는 더 뜨거워져요. 이런 현상을 **온실 효과**라고 해요. 온실 효과는 지구 온도를 올리는 **지구 온난화**를 만들어요. 또 지구 온난화는 **기후 변화**를 일으켜 파괴적인 재난 상황이 일어나게 해요. 이처럼 지구의 온도가 올라가면, 기후가 갑자기 변하면서 결국 지구 전체 생태계에 나쁜 영향을 미치게 돼요.

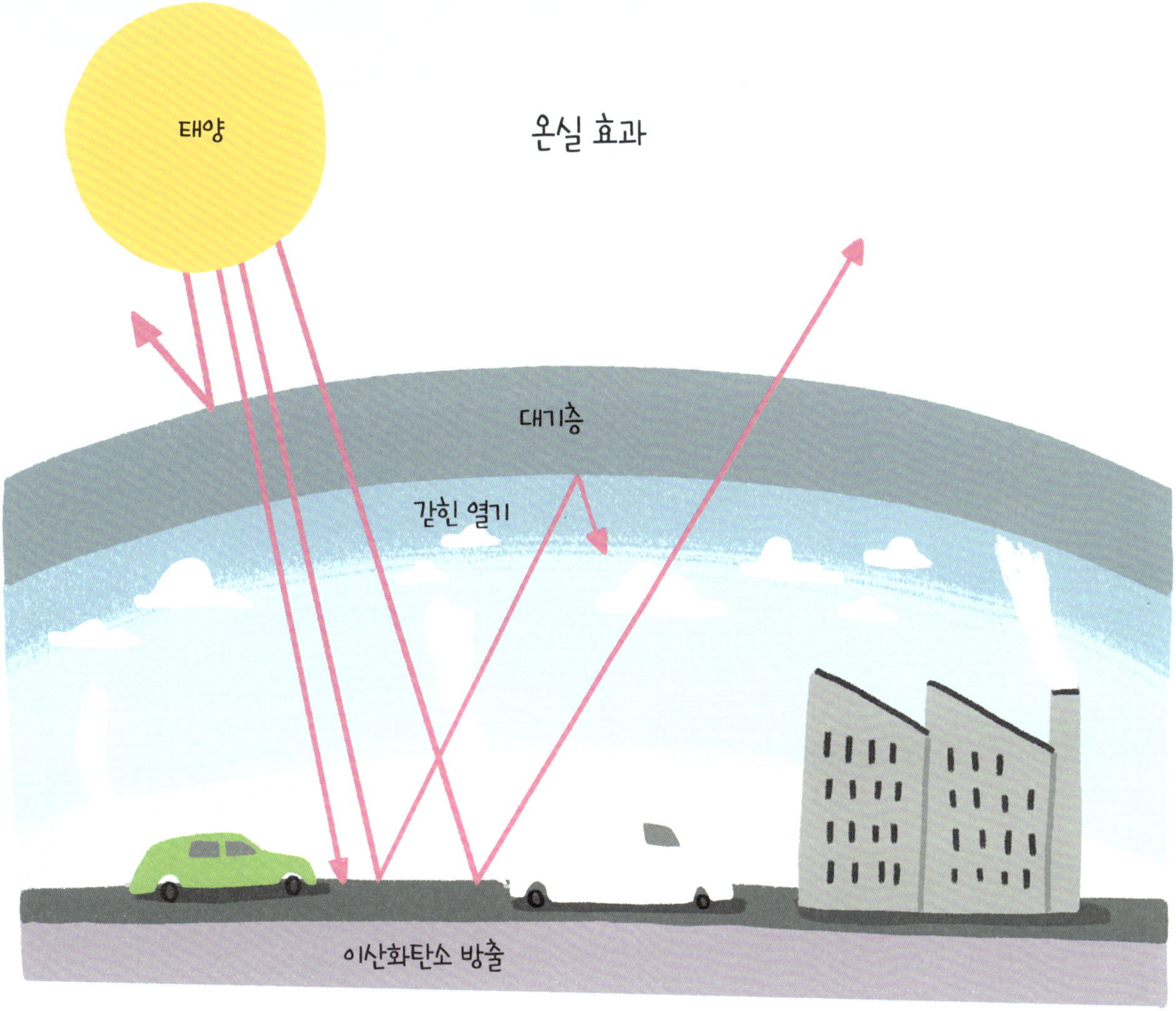

태양

온실 효과

대기층

갇힌 열기

이산화탄소 방출

## 핵 발전

**핵 발전**은 화석 연료 발전과는 완전히 달라요. 핵반응을 통해서 만들거든요. 우라늄이나 플루토늄과 같은 **핵연료**는 핵반응을 통해 에너지를 방출해요. 이렇게 나온 에너지를 전력으로 바꾸는 곳이 핵 발전소랍니다. 핵반응은 이산화탄소를 방출하지 않지만 매우 위험할 수 있어요. 또 핵폐기물은 방사능 물질이라 안전하게 보관해야 해요.

# 지속 가능한 에너지

과학자들은 안전하고 편리하게 지구에 에너지를 공급할 수 있는 새 방법을 찾으려고 열심히 연구하고 있어요. 세상에는 지속적으로 에너지를 이용할 수 있으면서도 사라지지 않는 에너지원이 많이 있어요.

 ## 재생 에너지

**재생 에너지**는 고갈되지 않거나 보충될 수 있는 자원에서 얻는 거예요. 태양, 바람 등 여러 가지가 있어요. 미래까지 지구를 훼손하지 않고 생산할 수 있는 이 에너지를 **지속 가능한 에너지**라고 해요.

 ## 풍력

바람은 공기의 움직임이에요. 바람이 가지고 있는 공기의 운동 에너지를 이용하여 **풍력 터빈의 날개**를 돌릴 수 있어요. 날개로 전달된 운동 에너지를 발전기로 전달하여 전기로 바꾸게 되지요. 에너지를 만드는 과정에서 해로운 가스가 나오지 않아요. 하지만 바람에 의존해야만 해요. 바람이 없으면 전기도 없지요!

 ## 바이오매스

**바이오매스**는 태우면 열과 전기를 얻을 수 있는 동식물 폐기물이에요. 새로운 나무로 바꾸어 심으려고 잘라 낸 목재 같은 것이 여기에 들어가요. 똥도 바이오매스예요! 오물을 알갱이로 만들어 태워서 열을 얻는답니다. 열은 증기를 만들 수 있고, 증기는 터빈을 돌리고 전기 발전기를 작동시켜요. 바이오매스는 재생 가능할 뿐만 아니라 쓰레기를 **재활용**하니까 지구 환경도 보호하는 셈이에요.

## 수력

물의 운동 에너지를 다양한 방법으로 활용할 수 있어요. **파력 발전**은 파도가 위아래로 움직이는 운동을 활용하여 발전기를 돌리는 방식이에요. **조류 발전**은 조류를 이용해요. 보와 같은 긴 구조물을 강어귀에 걸쳐 만들어서 만조(밀물)와 간조(썰물) 사이에 드나드는 조수의 운동 에너지를 활용하지요. 조수가 이 구조물 사이사이에 만들어 놓은 관을 지나가면서 전기 발전기를 돌리는 거예요. **댐**은 엄청난 양의 물이 가지는 중력 퍼텐셜 에너지를 이용하는 구조물이에요. 물을 높은 곳에 가둔 다음, 수문을 열어 물을 흘려보내면 터빈을 돌려 전기가 생성되는 거랍니다.

## 태양광

태양 판의 **태양 전지**는 태양 에너지를 활용해요. 태양의 빛 에너지를 전기로 바꾸지요. 태양 판은 물을 가열하는 데 사용하기도 해요. 태양 에너지는 해가 나 있기만 하면 사용할 수 있어요.

## 지열

**지열 에너지**는 지구 내부의 열을 이용하는 거예요. 지열 발전소에서는 파이프를 통해 찬물을 지표면 아래로 집어넣어요. 지하에서 땅의 열이 찬물을 증기로 바꿔요. 이렇게 발생한 증기가 위로 솟구치면서 터빈을 돌린답니다. 재생 가능한 지열 에너지는 충분히 뜨거운 바위가 지표면 가까이에 묻혀 있는 지역에서만 얻을 수 있어요.

 # 움직이는 열에너지

열은 일상에서 만나고 느끼는 에너지의 한 종류예요. 주위를 따뜻하게 하려고 불을 피우기도 하고, 따뜻한 햇빛을 피부로 느끼며 즐기기도 하지요. 어떤 때는 너무 더워서 시원해지고 싶을 정도로요.

 ## 열이 뭔가요?

**열에너지**는 원자나 분자의 운동에서 만들어져요. 빨리 움직일수록 물질은 뜨거워지지요. 차가운 물체 안에서의 분자들은 느리게 움직여서, 여기에는 열에너지가 거의 없어요. 분자들이 점점 더 느려져 완전히 멈춘다면, 절대 영도라는 온도에 도달하게 된답니다.

 ## 뜨거운 곳에서 차가운 곳으로 가요

열에너지는 항상 뜨거운 곳에서 차가운 곳으로 옮겨 가려고 해요. 열에너지가 이동하는 데는 세 가지 방법이 있어요.

**전도:** 전도가 일어나려면 **전자**가 원자 사이를 움직여야 해요. 이것이 잘 일어나는 물체를 도체라고 해요. **금속**은 좋은 도체예요. 열은 뜨거운 곳에서 차가운 곳으로 퍼져나가는 전자와 같이 직접 이동해요. 도체가 아닌 물체에서도 전도가 일어나요. 뜨거운 곳에 있는 원자의 진동이 차가운 곳에 있는 원자의 진동으로 전달돼 열을 전달하는 거예요. 여러분 손은 뜨거운 주전자보다는 차가워요. 그래서 주전자를 만지는 순간 열은 주전자에서 여러분 손으로 흘러가는 거예요. 앗, 뜨거워!

**대류:** 대류는 **원자**나 **분자**의 운동과 관련 있어요. **액체**나 **기체**에서 일어나는 현상이지요. 액체나 기체가 가열되면 뜨거운 액체나 기체는 위로 올라가고, 차가운 액체나 기체는 아래로 내려오면서 위치를 바꿔요. 예를 들어, 물을 주전자에서 끓이면 증기와 뜨거운 물은 위로 올라가고, 차가운 물은 아래로 내려오면서 위치를 바꾼답니다.

## 🔥 위로 올라가요

열기구는 바구니와 버너, 공기로 가득 찬 거대한 풍선 같은 주머니로 하늘 위로 올라가요. **열기구**가 이처럼 위로 올라가는 것은 열에너지 덕분이에요. 열기구를 띄우려면 먼저 버너에 불을 켜 풍선 안의 공기를 가열해요. 뜨거운 공기는 풍선 안에 갇혀 있어요. 공기가 가열되면 분자들은 더 빨리 움직이면서 퍼져 나가 풍선을 가득 채워요. **대류** 때문에 뜨거운 공기가 올라가면서 풍선을 위로 밀어요. 풍선 내부의 뜨거운 공기는 풍선 밖의 차가운 공기에 비해 밀도가 낮아 계속 하늘 위로 올라가게 돼요. 불을 끄고 떠다니면 풍선 안의 공기가 식으면서 열기구가 다시 아래로 내려가요. 이때 조종사가 버너의 불을 켜서 풍선 안의 공기를 다시 데우면 열기구는 한 번 더 위로 올라가게 된답니다.

### 그냥 궁금해요

1783년 사람들은 열기구를 타고 처음으로 하늘을 날 수 있게 되었어요! 최초의 열기구는 닭, 양, 오리를 태우고 하늘을 날았어요. 그 뒤 몇 달도 채 되지 않아 마침내 사람도 타게 되었지요.

**복사:** 복사는 에너지가 **파동**처럼 이동하는 현상이에요. 복사 현상에는 어떤 입자도 필요하지 않아요. 보이지 않는 광선을 통해 열이 공기나 우주 공간을 지나 이동할 수 있어요. 뜨거운 물체는 이처럼 **적외선 복사**를 해요. 이로써 우리는 따뜻함을 느끼지요. 태양에서 오는 광선이나 불에서 나오는 열 모두 **복사**를 통해 우리를 따뜻하게 하는 거랍니다.

# 세상을 바꾼 전기 에너지

수백 년 전까지만 해도 사람들은 불을 켜기 위해 스위치를 누르는 게 아니라 초를 켰어요.
난방기를 트는 게 아니라 불을 피웠고요.
그러다가 전기를 이용할 수 있는 방법을 발견한 다음, 세상은 완전히 바뀌었답니다.

## 전기가 뭔가요?

**전기**는 에너지의 한 종류예요. 전기는 한 곳에서 다른 곳으로 흘러가거나 한 곳에 쌓여 있을 수 있어요. 전기는 음전하를 띤 아주 작은 전자 덕분에 만들어진답니다. 전자는 원자 주위를 빠르게 맴돌며 이 원자에서 저 원자로 점프해서 이동할 수 있어요. 엄청난 수의 전자가 동시에 같은 방향으로 움직일 때가 바로 **전류**가 흐르는 거예요.

전기의 여행

## 전기가 집으로 오기까지

전기는 자연에 존재해요. 하지만 잘 이용해서 전력으로 바꾸어야 실제로 쓸모가 있지요. 발전소의 **발전기**는 화석 연료, 태양광, 풍력이나 수력에서 에너지를 얻어 전기 에너지로 바꾸는 장치랍니다.

전기는 **발전소**에서 **케이블**을 통해 우리 집까지 전해져요. 케이블은 **철탑**에 올려져서 땅 위에서 연결되고, 지하를 통해 건물로 연결되지요. 이러한 송전선을 통해서 전등, 휴대폰 충전기, 텔레비전 등 여러 전기 기구를 연결하는 콘센트까지 전해져요.

전기가 공급되는 중간에는 **승압 변압기**를 통해 전압을 높여요. 전압을 더 높이면 전류가 덜 흘러서 열로 낭비되는 에너지를 줄일 수 있어요.

**강압 변압기**는 전압을 다시 낮춰 전기가 여러분의 집으로 안전하게 공급되게 해요.

## 전류

**전류**는 한 곳에서 다른 곳으로 이동한답니다. 벽이나 멀티탭에 있는 콘센트에서 나오는 전기의 형태예요. 전류는 **배터리**에서도 나올 수 있어요. 배터리는 화학 물질을 이용하여 전기를 만들지요. 배터리의 에너지가 전류로 바뀌어 흐르게 된답니다.

## ⚡ 정전기

정전기는 또 다른 종류의 전기에요. 정전기는 전기가 한 장소에 쌓였을 때 생긴답니다. 다른 두 물체를 서로 문지르면 전하를 띤 입자가 한 물체에서 다른 물체로 옮겨 갈 수 있어요. 한 물체가 전자를 얻어서 음전하를 띠게 되면, 다른 물체는 양전하를 띠게 되지요.

여러분 머리를 풍선으로 문질러 봐요. 여러분 머리카락에서 전자가 나와서 풍선으로 옮겨 간답니다. 그러면 풍선은 음전하를, 여러분의 머리카락은 양전하를 띠겠죠? 풍선을 머리 위로 들어 올리면 머리카락이 풍선에 붙어 따라 올라가게 돼요. 머리카락의 양전하가 풍선의 음전하 때문에 끌어당겨지는 거예요!

머리카락의 정전기

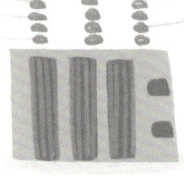
강압 변압기

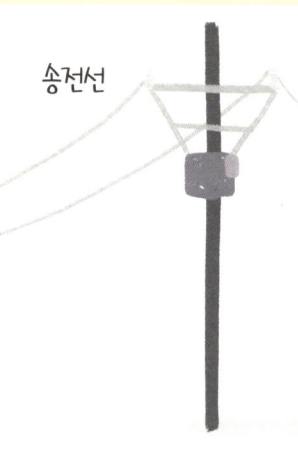
송전선

집

## ⚡ 번개가 번쩍하는 이유

**번개**도 정전기로 일어나는 현상이에요. 구름 안의 얼음 알갱이들이 서로 문질러지면 전하가 쌓이게 돼요. 번개가 번쩍이는 건 쌓인 전하가 너무 많아져서 다른 구름이나 지구로 점프해 옮겨 가기 때문이에요.

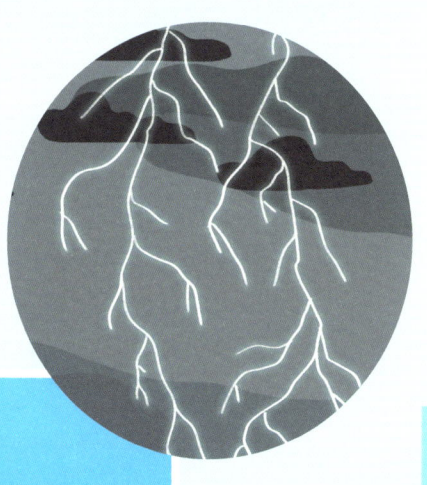

### 그냥 궁금해요

번개는 아주 강력해서 열과 빛, 소리를 내요. 번개가 칠 때는 아주 요란한 천둥이 함께 치고, 태양 표면보다 다섯 배나 더 뜨거워진답니다!

# 전력 회로

전기는 물과 매우 비슷해요. 길을 따라 흘러가고 가장 단순한 경로를 따라가려고 해요.
마치 물이 파이프를 통해 흘러가는 것처럼 전기는 케이블이나 전선을 따라 흘러가지요.

##  회로가 뭔가요?

**회로**는 전기가 흘러가는 경로를 뜻해요. 경로가 완전히 닫혀 있으면 전기가 흐를 수 있지만, 경로가 열려 있으면 전기가 흐르지 못해요. 전기의 흐름은 마치 물의 흐름처럼 움직여서 **전류**라고 부른답니다.

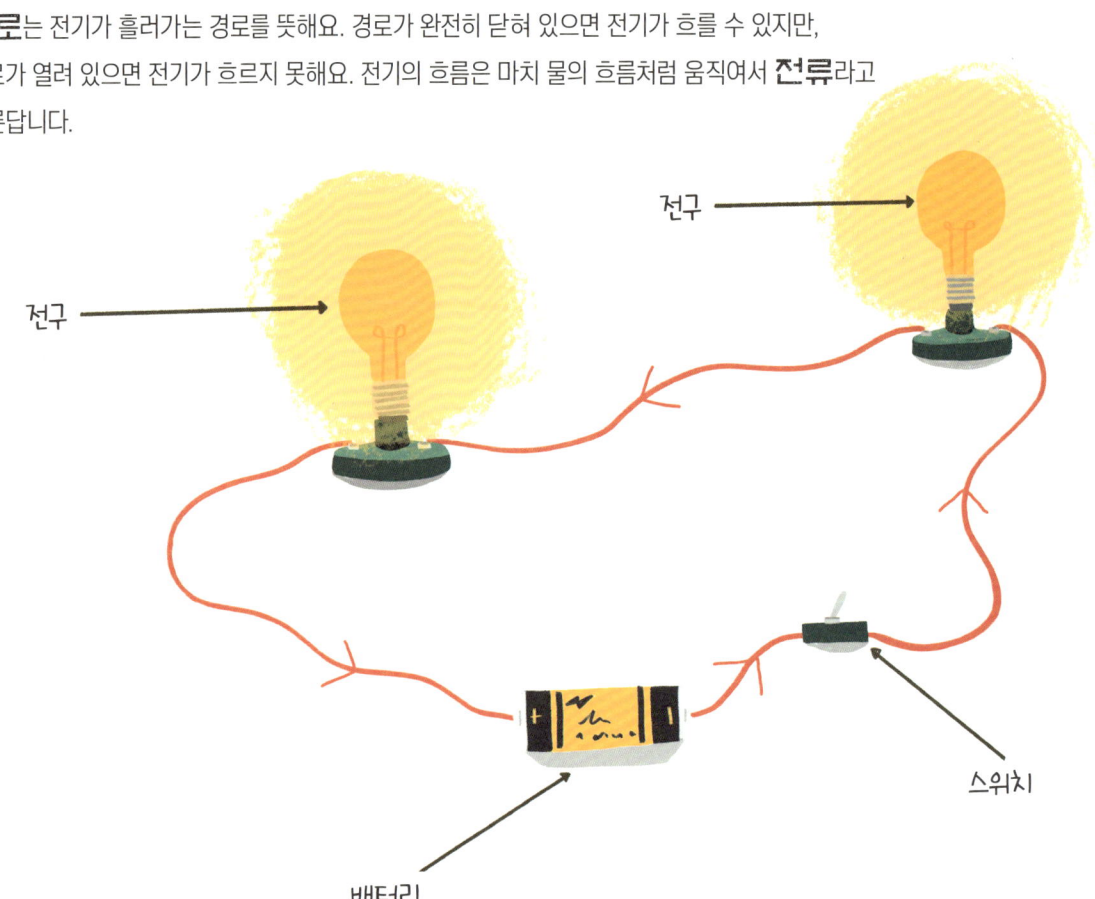

모든 회로에는 배터리처럼 양극과 음극이 있는 **전원**이 필요해요. 전구처럼 사용하고 싶은 전기 기구가 있다면 **전선**으로 이 전기 기구를 전원의 두 극과 연결하여 닫힌 회로를 만들어야 해요. 전원의 음극에서 나온 전자가 전선을 따라 양극으로 진행하면 회로에 전기가 흐르지요.

**스위치**로 회로를 끊거나 연결할 수 있어요. 스위치가 열리면 회로가 끊어져서 전기가 흐르지 않아요. 스위치가 닫히면 회로가 연결되어 전기가 흘러요.

**전류**가 흘러서 전구를 지나가면 전구에 불이 들어와요. 전기 에너지가 전구에서 열과 빛 에너지로 바뀌는 거예요.

# 전기가 잘 흐르는 물질과 잘 흐르지 않는 물질

어떤 물질은 전기가 잘 흐르고, 어떤 물질은 잘 흐르지 않아요. 금속처럼 전기를 잘 흘려보내는 물질을 **도체**라고 해요. 전선은 보통 금속 구리로 만들어지지요. 반면 플라스틱이나 직물처럼 전기를 잘 흘려보내지 못하는 물체를 **부도체**라고 해요. 전선을 플라스틱으로 감싸면 전기는 안쪽에 있는 도체로만 흐르게 되지요. 그래서 여러분이 전선을 만져도 괜찮은 거랍니다!

 ## 직렬 회로

단 하나의 경로로 이루어진 간단한 회로를 **직렬 회로**라고 해요. 직렬 회로에서는 모든 게 같은 경로로 연결되어 있어요. 그래서 직렬 회로에 전구 하나를 추가하면 연결된 모든 전구의 빛이 같이 흐려져요. 회로를 따라 흐르는 에너지가 모든 전구로 나누어지기 때문이지요. 이때 또 다른 배터리를 연결해서 전원을 추가하면 더 많은 전력이 만들어져서 전구가 다시 밝아진답니다!

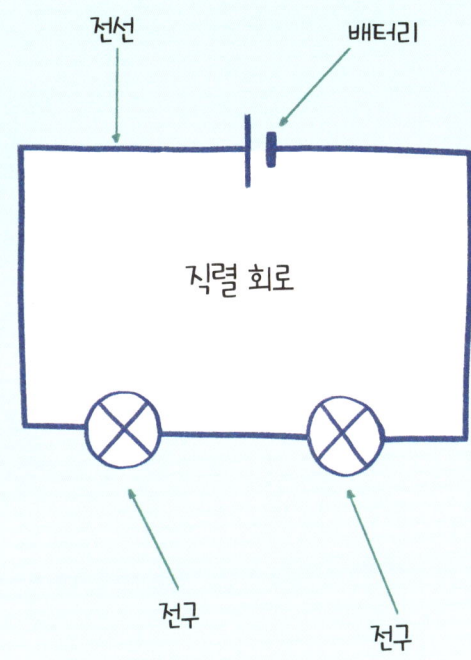

 ## 병렬 회로

**병렬 회로**에서는 에너지가 다른 경로로 **나란히** 흘러요. 각각의 전기 기구를 다른 전선으로 연결할 수 있지요. 병렬 회로에서는 각각의 전구에 배터리 전력이 그대로 공급돼요. 한 경로가 끊어져도 에너지가 다른 경로를 따라 흐르기 때문에 끊어진 경로에 있는 전구만 불이 꺼질 뿐이에요. 하지만 직렬 회로에 비해 배터리 수명은 절반밖에 되지 않아요. 전구 두 개 모두를 밝게 빛나게 하려고 배터리에서도 두 배 더 많은 전력을 공급하기 때문이지요.

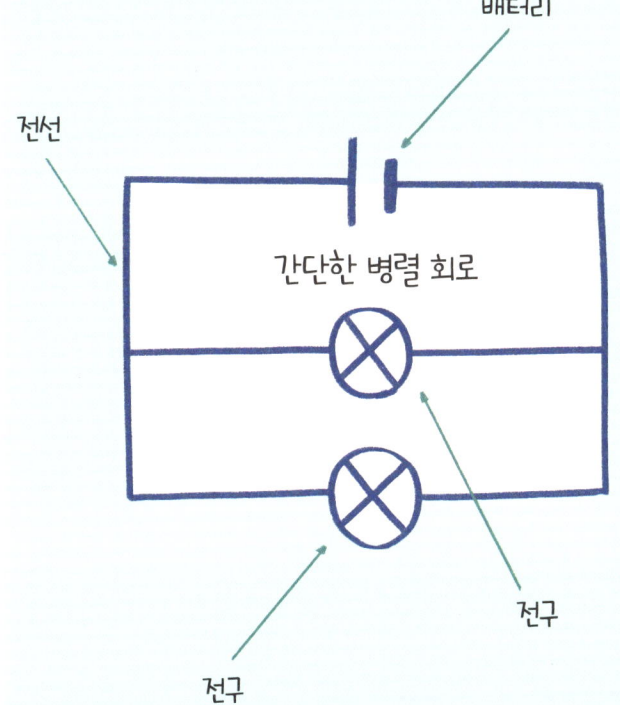

# 집 안에서의 에너지

에너지는 여러분 주위에 있어요. 에너지는 집 안에서 여러 방식으로 우리 생활을 돕지요.
에너지가 없는 삶은 상상이 안 돼요.

스마트폰이나 음향 기기로 **음악**을 들으려면 유선이나 배터리로 전기 에너지가 공급돼야 해요. 소리 에너지는 스피커로 나와 공기를 진동시키며 여러분의 귀에 도달하게 돼요.

**조명 기구**와 **전자 제품**도 전기 에너지를 사용해요. 이런 장치가 회로의 일부분이에요. 그래서 스위치가 켜지면 전기가 흘러 빛이 나거나 동작하게 되는 거예요.

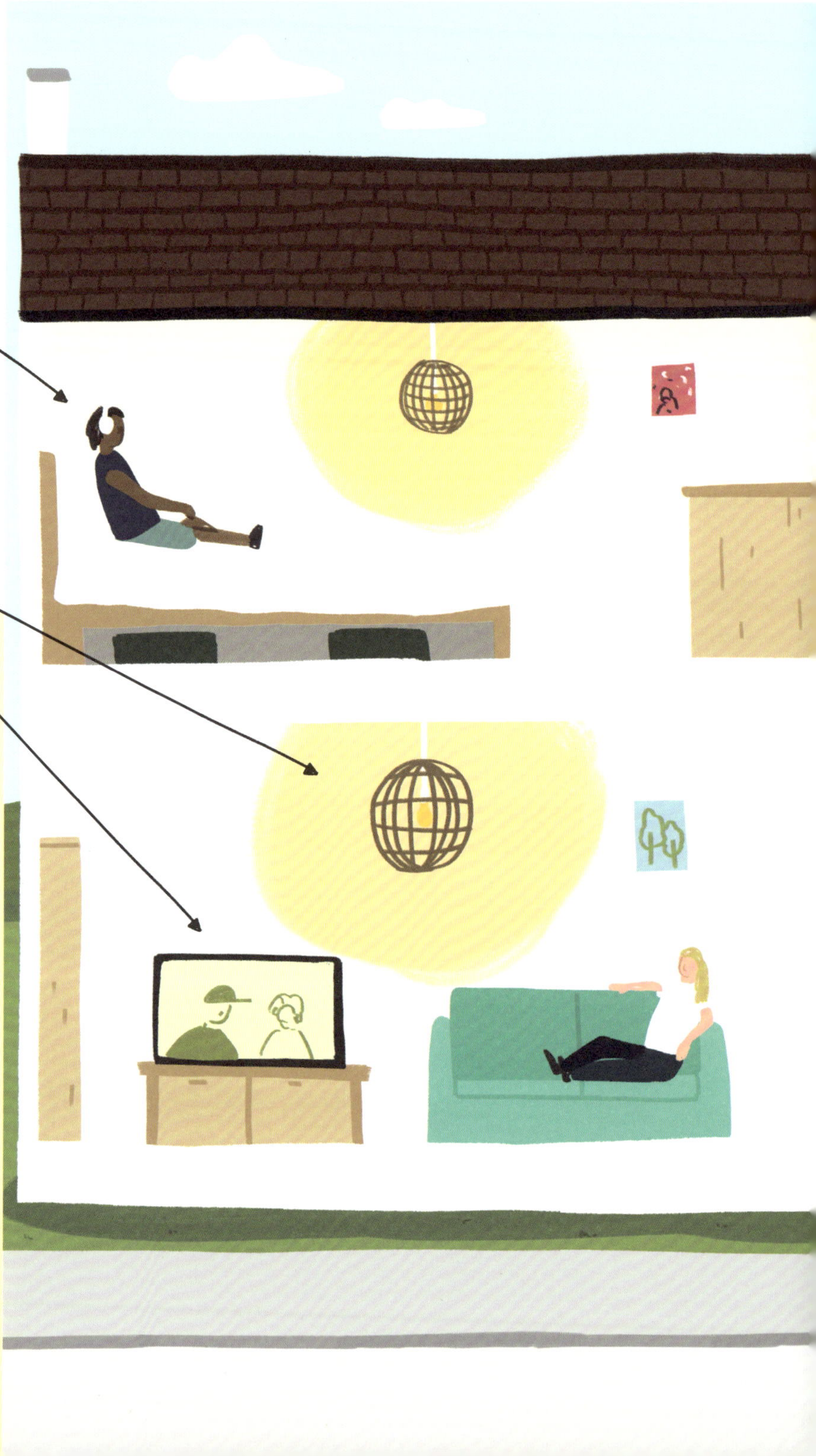

## 에너지 절약하기

에너지를 쓰려면 비용이 들어요. 발전소에서 화석 연료를 태워 만들기 때문에 대기 오염과 지구 온난화를 일으킬 수 있지요. 그래서 에너지를 최대한 아끼는 것이 중요해요. 전자 제품이나 조명, 온수를 사용하지 않을 때는 완전히 끄거나 잠가요. 더 나아가 태양광을 활용하거나 차를 타기보다 걷거나 자전거를 타는 등 지구 친화적인 에너지 자원을 사용하도록 노력해야 해요.

**태양광 발전**은 여러 방식으로 집 안에 에너지를 공급해 준답니다. 태양에서 오는 에너지를 전력으로 바꾸는 태양광 충전기로 스마트폰을 충전할 수 있어요. 태양열로 난방을 할 수도 있고요. 식물도 태양에게서 에너지를 공급받아 자라지요.

태양광은 환상적인 에너지예요!

**배터리**를 사용하는 물건도 많이 있어요. 전동 칫솔은 배터리에 저장된 화학 에너지가 공급하는 전력으로 작동돼요.

**요리**할 때는 전기와 열에너지가 필요해요. 전기 오븐은 전선의 플러그를 벽의 콘센트에 연결해 전기 에너지를 공급받아서 작동해요. 그러면 열에너지를 음식으로 내보내 주어 요리가 되게 하지요. 가스 오븐은 가스를 태워 열에너지를 내보내 줘요. 그래서 역시 요리를 할 수 있어요.

여러분이나 반려동물이 **음식**을 먹으면 음식에 저장된 화학 에너지가 나와서 몸속에서 화학 에너지로 저장돼요. 이렇게 저장된 에너지가 운동 에너지나 열에너지로 바뀌면서 여러분이 움직이거나 자랄 수 있어요.

**수동 킥보드**를 타고 놀 수 있는 것은 여러분 근육에 저장된 에너지가 운동 에너지로 바뀌기 때문이에요. 여러분의 힘으로 킥보드를 앞으로 미는 거지요!

# 3장
## 광학
### 세상을 볼 수 있게 해 주는 빛에 대한 탐구

다음을 생각해 보세요. 빛나는 태양, 이 책을 읽을 수 있게 해 주는 불빛, 밤에 반짝이는 반딧불이. 빛은 우리 생활에 엄청나게 중요하고 꼭 필요해요. 그런데 빛은 어떻게 작동하는 걸까요? 빛이 대체 정확히 뭘까요?

**광학**은 빛이 무엇으로 이루어져 있는지, 어떻게 작동하는지, 우리는 어떻게 볼 수 있는지 등 빛과 시각에 대해 탐구하는 학문이에요. 이 장에서는 전자기 스펙트럼, 파동, 빛의 속력(힌트를 주자면 빛은 우주에서 가장 빨라요), 광원, 색조, 그림자, 무지개를 하나하나 밝혀 본 뒤, 우리가 어떻게 빛을 통해 세상을 볼 수 있는지 살펴볼 거예요.

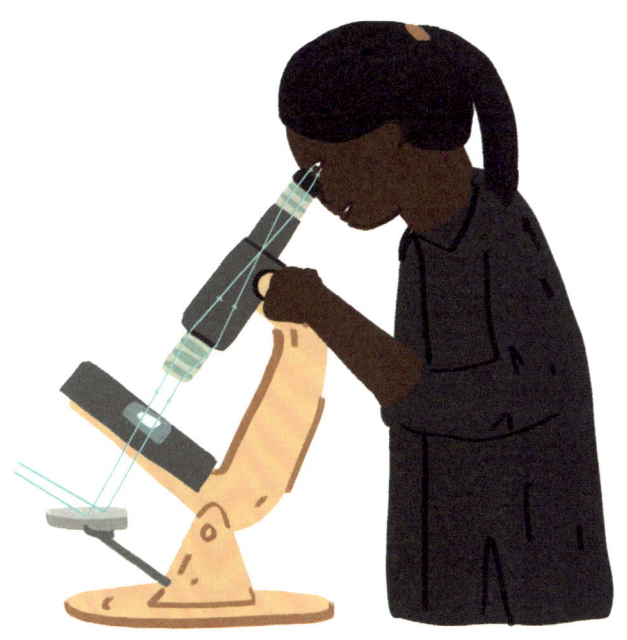

# 빛의 에너지 파동

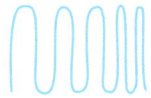

빛이 어떻게 작동하는지 이해하기 전에
먼저 빛이 커다란 우리 세상 전체에서 어떻게 이루어져 있는지 알아야 해요.

## 전자기 스펙트럼

**전자기 스펙트럼**은 여러 다른 파장(주파수)을 가지고 방출되는 빛의 범위를 말해요. **전자기 복사**는 광자라고 부르는 파동의 형태로 진행하는 아주 작은 에너지 알갱이랍니다. 빛과 소리가 이렇게 알갱이의 파동 형태로 진행하는 좋은 예예요.

모든 파동은 **파장**으로 분류할 수 있어요. 파장은 아래 표에서 보듯 한 봉우리에서 다음 봉우리까지의 길이랍니다. 에너지가 파동의 형태로 진행할 때 파장이 다를 수 있어요. 또 파장이 짧을수록 파동은 더 많은 에너지를 가져요. 아래 전자기 스펙트럼을 살펴보세요. 파장이 길다가 뒤로 가면서 짧아지지요. 에너지도 뒤로 가면서 점점 증가하는 거예요.

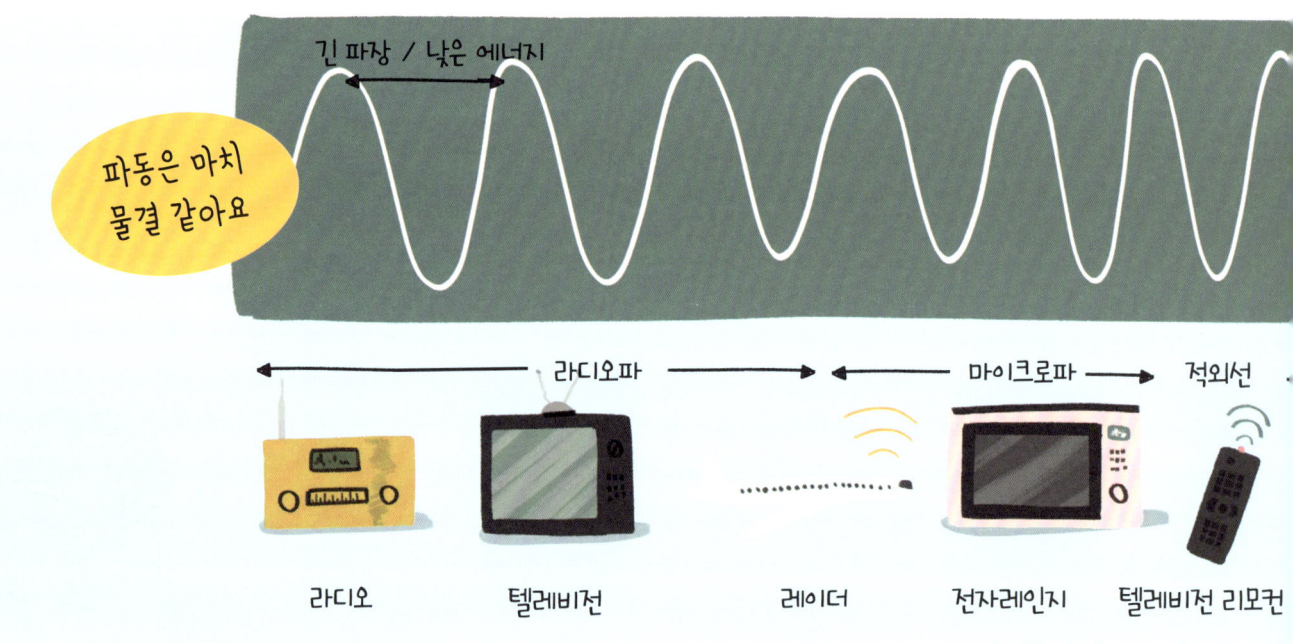

**라디오파:** 라디오파는 약 1킬로미터 정도의 가장 긴 파장을 가진 전자기파예요. 우주의 별이나 가스에서 방출되어 나와요. 라디오파는 먼 거리를 이동하면서 집이나 자동차에 있는 라디오로 소리를 보내거나 텔레비전에 영상을 보내 줘요. 통신을 할 수 있게 해 주는 게 라디오파인 거예요.

**마이크로파:** 마이크로파는 라디오파보다 짧은 파장을 가진 전자기파예요. 마이크로파도 통신 위성이나 휴대폰 통신에 사용돼요. 휴대폰에서 사용하는 것보다는 파장이 좀 더 짧긴 하지만, 전자레인지에 사용되는 파도 마이크로파랍니다. 마이크로파는 음식을 데우거나 해동할 만큼 충분한 에너지를 가지고 있어요.

**적외선:** 적외선은 열을 방출해요. 밤에 특수 고글이나 카메라로 물체에서 나오는 열을 확인해서 적외선의 강도 차이를 영상으로 볼 수 있어요. 텔레비전 같은 기기에 신호를 보내는 리모컨도 적외선을 사용한답니다.

**가시광선:** 전자기 스펙트럼의 이 작은 영역이 바로 우리가 볼 수 있는 빛이에요. 가시광선은 빨강부터 주황, 노랑, 초록, 파랑, 보라 빛까지 자신의 스펙트럼을 가지고 있어요. 전구, 모니터, 별, 반딧불이도 우리가 눈으로 볼 수 있는 이 빛을 내보내요.

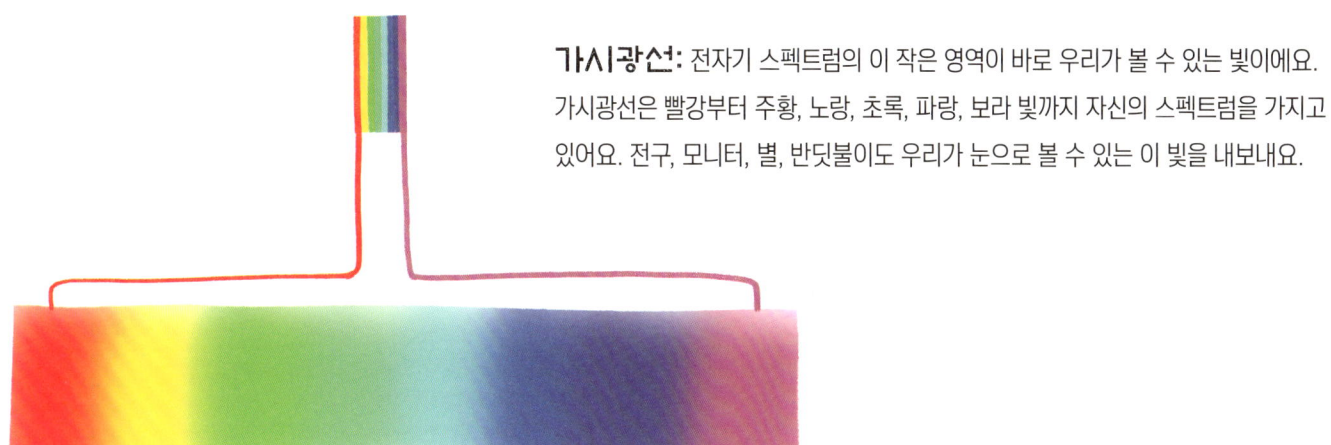

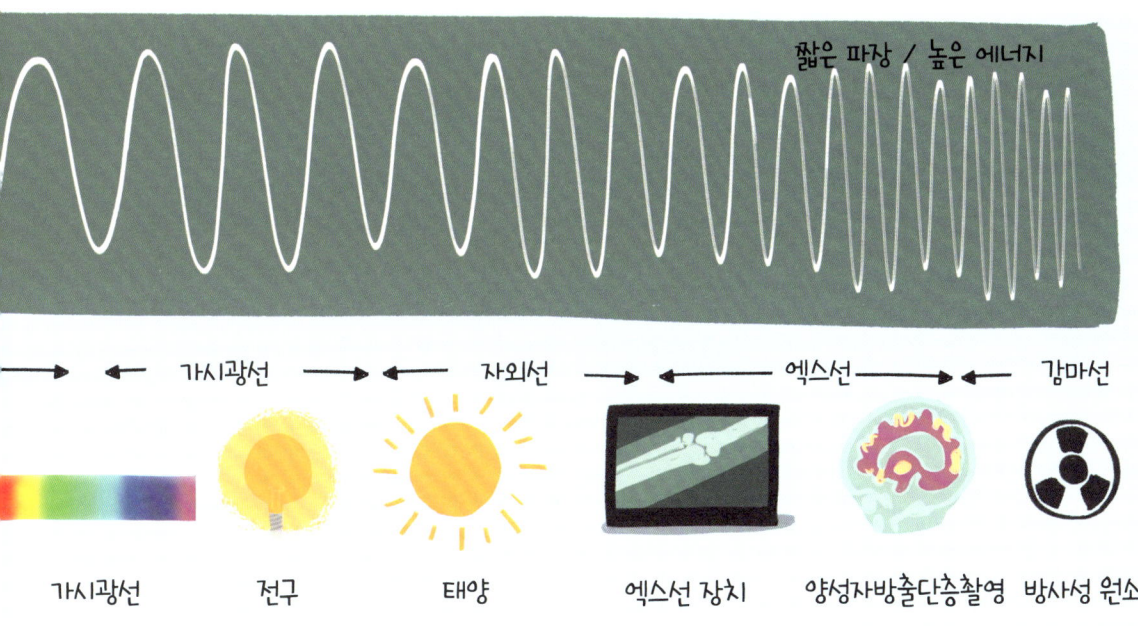

**자외선:** 태양은 자외선을 내보내요. 우리 피부를 태우는 게 바로 자외선이에요! 우주 공간의 여러 천체들도 자외선을 내보내지요. 꿀벌처럼 일부 동물들은 자외선 빛을 볼 수 있어요.

**엑스선:** 가시광선은 통과하지 못하는 물질을 엑스선은 통과할 수 있어요. 엑스선은 치과에서 치아 상태를 보여 주는 사진을 찍거나 공항에서 가방 속을 확인하는 등의 일에 사용한답니다.

**감마선:** 감마선은 가장 큰 에너지를 가지고 있어요. 감마선은 방사성 물질의 원자핵이 붕괴될 때 만들어져요. 암세포를 죽이는 등 병원에서 사람의 몸을 치료할 때 감마선을 사용해요.

 # 빛을 뿜어내는 것들

빛은 우주에 존재하는 경이로움 가운데 하나예요. 빛은 보이지 않지만 우리가 무언가를 볼 수 있게 해 주지요.
또 빛은 어마어마하게 빠르지만 무게는 전혀 나가지 않아요.
그렇다면 빛이 대체 뭘까요? 빛은 어디에서 오는 걸까요?

##  빛은 보게 해 줘요

가시광선은 우리가 볼 수 있는 에너지의 한 형태예요. 우리 주위 세상을 보게 해 주지요. 빛은 꺾이거나 휘어지지 않고 똑바로 직진해요. 광선이 물체에서 반사되어 우리 눈으로 들어오면 그 물체를 알아볼 수 있게 되는 거랍니다.

##  빛을 내뿜는 광원

빛을 내뿜는 모든 것을 **광원**이라고 해요. 전구, 손전등, 불, 별, 그리고 태양도 광원에 들어가요. 태양은 우리 세상에서 가장 중요한 광원이지요. 태양은 항상 빛을 내뿜고 있답니다. 지구에서 어떤 지역이 태양을 향해 있으면 낮이에요. 만일 태양 빛이 없을 때 주위를 보고 싶다면 다른 광원이 있어야만 해요.

### 그냥 궁금해요

별들은 태양과 같은 방식으로 열과 빛을 만들어요. 사실 태양도 별이지요. 하지만 달은 달라요. 달은 스스로 빛을 내뿜는 광원이 아니랍니다. 우리가 달을 볼 수 있는 건 달이 태양 빛을 반사하기 때문이에요.

## 핵융합이 만들어 내는 태양 빛

광원은 다양한 방식으로 빛을 만들어요. 태양은 자연광을 뿜어내고, 전구와 손전등은 전기를 통해 빛을 만들어요. 태양과 별은 내부에서 일어나는 핵융합으로 빛을 만드는 거예요. 태양은 정말로 뜨거워서 내부의 수소 원자들이 서로 강하게 충돌해요. 이렇게 충돌하면서 원자핵이 서로 결합하는 **핵융합**이 일어나게 되지요. 이 핵융합은 더 큰 헬륨 원자를 만들고, 여기서 엄청난 양의 에너지가 나와요. 태양에서 만들어진 이 에너지는 열과 빛의 형태로 모든 방향으로 방출되지요. 태양으로부터 지구에 도달한 빛에는 가시광선도 있고 눈에 보이지 않는 방사선도 있어요.

## 생물이 만들어 내는 빛

자연광의 또 다른 모습이 있어요. 바로 생명체에서 나오는 거예요. 동물들은 자기 안에서 일어나는 화학 반응으로 생긴 화학 에너지로 빛을 내는데, 이를 **생물 발광**이라고 해요. 다른 광원들과는 달리 반딧불이 같은 동물들이 만드는 에너지는 빛을 내긴 하지만 열을 방출하지는 않아요. 깜깜한 심해에서도 이 같은 생물 발광으로 먹이를 찾는 심해 어류도 있어요.

# 빛이 진행하는 경로

빛은 파동으로 진행한다는 것을 앞에서 살펴보았어요.
빛의 파동은 광선처럼 직선으로 움직인다는 것도 알고 있을 거예요.
빛의 방향은 어떤 물체에 부딪혔다가 산란되어(여러 방향으로 흩어지는 것) 나올 때만 바뀐답니다.

## ✳ 밝은 물체와 어두운 물체

빛이 물체에 반사되어 우리 눈에 들어오면 그 물체는 밝게 보여요. 거울처럼 반짝이고 매끄러운 물체는 들어오는 빛을 대부분 **반사**하는 거예요. 반대로 어둡고 단단한 물체는 들어오는 빛의 대부분을 **흡수**해서 더 어둡게 보이는 것이랍니다.

## ✳ 거울에 비친 모습

거울은 아주 매끄럽고 반짝이기 때문에 들어오는 빛이 거의 **왜곡**되지 않고 그대로 반사돼요. 그래서 거울에 반사된 영상은 아주 선명해요. 연못도 이와 같은 반사면이에요. 하지만 물결이 일면 다른 여러 방향으로 빛이 반사되고 **산란**돼요. 이처럼 수면이 움직이기 때문에 연못에 비친 여러분의 모습은 거울로 보는 것보다 훨씬 더 왜곡되고 흔들려 보이지요.

## ✳ 반사

빛은 매끄러운 표면에서 들어갈 때의 각도와 **반사**되어 나올 때의 각도가 같아요. 예를 들어 옆의 그림처럼 광선은 매끄럽고 평평한 거울 표면에 직선으로 들어가요. 그러고 나서 반사되면 같은 각도를 가지고 반대 방향으로 튀어나온답니다.

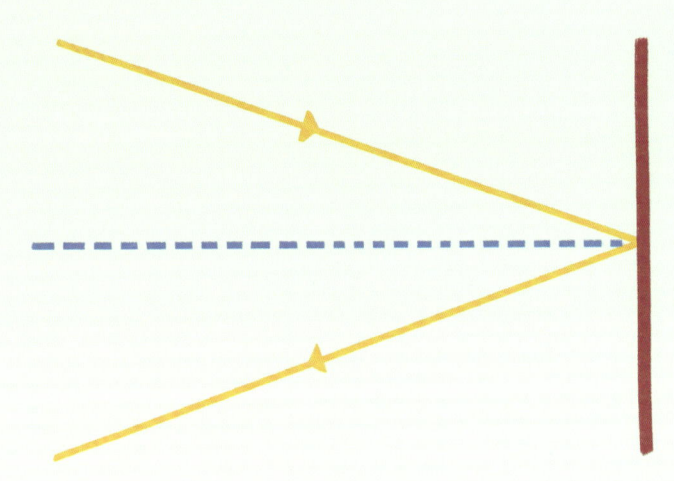

## ✳ 굴절

빛이 한 물질에서 다른 물질로 움직여 갈 때, 마치 꺾이는 것처럼 보여요. **굴절** 때문에 생기는 현상이에요. 우리가 공기 중에서보다 물속에서 달릴 때 더 느려지는 것처럼 빛도 서로 다른 물질을 지날 때는 다른 속력으로 나아가요. 물에 꽂혀 있는 빨대나 연필을 떠올려 봐요. 물 밖으로 나와 있는 연필 윗부분은 보통으로 보여요. 연필 윗부분에서 반사된 빛이 그대로 우리 눈으로 들어오기 때문이지요. 하지만 물속에 들어가 있는 연필 아랫부분은 도달하는 빛의 속력이 느려져서 그 부분이 다른 위치에 있는 것처럼 보이게 된답니다.

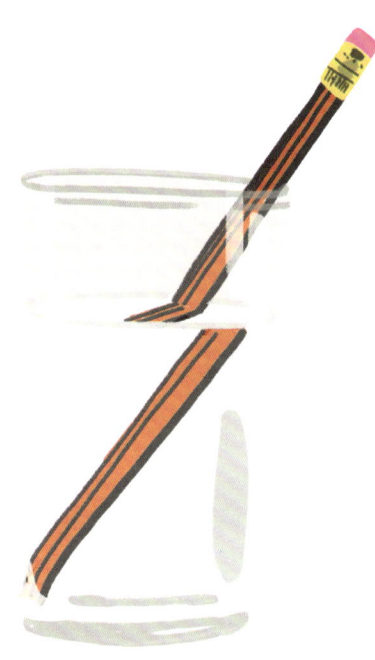

## ✳ 신기루

사막을 여행하는 사람들은 종종 **신기루**를 봐요. 실제로는 물이 없는데, 물이 보인다고 생각하는 것이 그 예랍니다. 빛이 눈에 작용해서 생기는 착시 때문이에요. 사막에서는 지면 바로 위에 아주 뜨거운 공기층이 있어요. 위에서 내리쬐던 햇빛이 이 뜨거운 공기층에서 굴절해서 다시 위로 꺾여 올라가요. 그러면서 모래 위에 반사된 하늘이 있는 것처럼 보이게 돼요. 우리 뇌는 이렇게 보이는 반사된 하늘을 물이라고 생각하는 거랍니다!

# 빛의 속력

빛은 공기 중에서 소리보다 백만 배 더 빨리 이동해요. 그래서 천둥소리를 귀로 듣기 전에 번쩍이는 번개를 눈으로 먼저 볼 수 있는 거예요. 폭죽이 터져 나온 불꽃을 먼저 보고 나서야 폭죽이 지글거리거나 터지는 소리를 듣게 되고요. 사실 빛은 우주에서 가장 빠르답니다.

## 빛의 최고 속력

아무것도 없는 텅 빈 공간인 진공 안에서 빛은 전혀 느려지지 않고 1초에 약 30만 킬로미터의 속력으로 진행해요. 이 속력을 **광속**이라고 해요. 이게 얼마나 빠른 걸까요? 태양은 지구에서 무려 1억 5천만 킬로미터 정도나 떨어져 있는데, 이렇게 멀리 떨어져 있는 태양에서 나온 빛이 단 8분 정도면 우리에게 도달할 수 있어요.
다른 예도 들어 볼까요? 빛의 속력으로 달리면 1초만에 지구 7바퀴 반을 돌 수 있답니다. 정말 빠르지요.

빛은 진짜 빨라요

### 그냥 궁금해요

우주에서 무언가를 측정하려면 엄청나게 큰 수가 필요해요. 그래서 과학자들은 거리를 측정하는 단위로 빛을 이용하기로 했어요. **1광년**은 빛이 1년 동안 움직인 거리에 해당돼요. 이렇게 빛의 단위를 이용하면 태양은 지구로부터 8광분 떨어져 있는 거랍니다.

## 누가 가장 빠를까?

빠르기로 진공에서는 항상 빛이 이겨요! 빛은 경주차뿐만 아니라 로켓보다도 빠르고 총알보다도 빨라요. 우주 왕복선이 지구 주위 궤도에 머무르기 위해서는 1시간에 28,000킬로미터의 속력으로 움직여야 하는데, 빛은 이보다도 4만 배 정도 더 빨리 진행할 수 있어요. 고속 도로를 달리는 자동차에 비하면 무려 천만 배 정도 빠른 거랍니다.

## 모든 것은 상대적이에요

상대적으로 말해서…

빛은 너무 빨리 움직여서 이상하고 특이한 방식으로 작동한답니다. 알베르트 아인슈타인은 빛이 어떻게 작동하는지 설명하는 상대성 이론을 1900년대 초에 발표했어요. **상대성 이론**에 따르면, 어떤 것의 모습은 여러분이 그것에 대해 **상대적**으로 어떻게 움직이는지에 따라 달라진다고 해요. 지구 위에 서서 볼 때는 빛이 예상한 대로 움직이기 때문에 모두 정상적으로 보여요. 하지만 여러분이 광속에 가까운 속력으로 빨리 움직인다면 시간이 느리게 흐르게 돼요. 더 나아가 여러분이 광속보다 더 빨리 이동한다면(물론 불가능해요!) 이론상으로는 시간이 거꾸로 흐르게 되지요.

# 빛과 함께하는 그림자

빛과 그림자는 늘 함께 가요. 빛이 없으면 그림자도 존재하지 않아요!

 ## 그림자가 뭔가요?

**그림자**는 빛이 없는 거예요. 어떤 물체가 광원에서 나오는 빛을 막아 생기는 어두운 형태예요. 물체에 따라 빛을 막는 정도가 다를 수 있어요.

**투명 물체**는 빛이 똑바로 투과해 지나갈 수 있어요. 예를 들어, 빛이 깨끗한 유리창을 통과해 지나가면 그림자가 만들어지지 않아요.

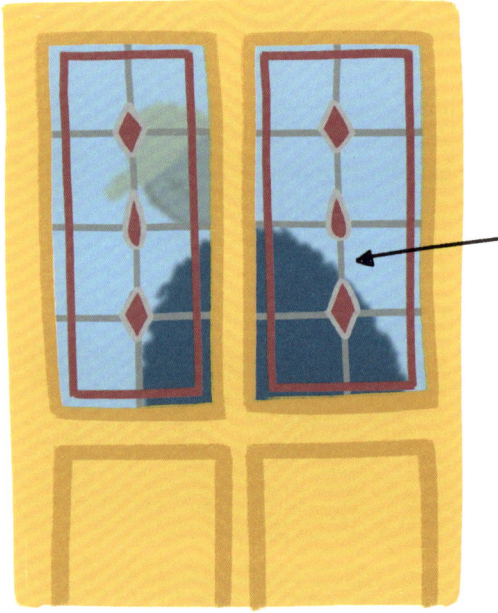

**반투명 물체**는 어느 정도만 투명해요. 빛이 투과하기는 하지만 완전한 건 아니에요. 어느 정도는 반사해서 물체가 완전히 또렷하게 보이지는 않지요. 스테인드글라스 같은 반투명 유리창은 빛이 어느 정도는 투과하지만 유리창 반대편에 무엇이 있는지 명확하게 보기는 힘들어요.

**불투명 물체**는 빛을 전혀 통과시키지 않아요. 빛을 반사하거나 흡수하지요. 이런 물체는 빛을 차단해서 반대쪽에 그림자인 어두운 모습을 만든답니다.

## 그림자 모양

그림자는 물체가 빛을 막고 있는 모양으로 생겨요. 손전등과 벽 사이에 사과를 놓는다면 벽에 사과 모양의 그림자가 생기겠지요? 진짜 사과는 빛을 차단하고, 사과 주위를 지나는 빛만 그대로 직진해서 벽으로 향하기 때문에 가운데 부분에 어두운 사과 모양이 남는 거예요.

**그림자의 길이**는 광원(태양처럼 스스로 빛을 내는 것)에서 빛을 비추는 각도에 따라 달라져요. 물체 위에 광원이 있다면 매우 짧은 그림자를 만들어요. 광원이 낮아질수록 더 긴 그림자가 생기고요. 햇빛이 잘 비치는 날에 밖에 나가면 만날 수 있는 그림자를 생각해 봐요. 태양이 하늘 높이 있을 때는 빛이 위에서 똑바로 내려와 여러분 주위의 땅을 거의 다 비추어서 여러분의 그림자가 매우 짧아요. 하지만 오후 늦게 태양이 하늘 아래로 낮아지면 햇빛이 비추는 각도가 달라지면서 여러분의 그림자는 아주 길게 늘어지지요!

**그림자의 크기**도 변할 수 있어요. 전등과 같은 광원이 물체와 가까이 있으면 반대쪽에 생기는 그림자가 커요. 물체가 광원과 가까이 있어서 많은 양의 빛을 물체가 차단하기 때문이에요. 하지만 광원이 물체에서 아주 멀리 있으면 그림자는 훨씬 작아져요. 더 많은 빛이 물체 옆으로 지나갈 수 있기 때문이에요.

# 빛에 담긴 색깔들

빛은 태양에서부터 와서 우리가 보게 되는 밝게 빛나는 것만을 의미하는 건 아니에요.
빛에는 우리 세상을 알록달록하게 만드는 모든 범위의 색조가 들어 있답니다.

##  색상의 물결

가시광선은 전자기 스펙트럼의 일부분이에요. 여러 가지 색의 빛으로 이루어져 있는데, 각 색에 대응되는 **파장**이 있어요. 가시광선 스펙트럼의 빨간색 끝단 쪽 빛은 긴 파장을 가지고 있고, 보라색 끝단 쪽 빛은 더 짧은 파장을 가지고 있어요. 나머지 색상의 빛은 그사이 어딘가에 위치해 있지요.

적외선                                                                자외선

##  색깔이 보이는 이유

우리가 색상을 구별해서 보는 건 빛이 물체에서 반사되는 방식 때문이에요. 흰 물체는 자신에게 들어온 빛을 모두 반사해요. 여러 색깔의 파동이 결합해서 우리 눈에 하얗게 보이는 것이지요. 백색광(우리 눈에 희고 밝게 보이는 빛)은 모든 색깔이 다 같이 섞여 있는 거예요. 반면 검은 물체는 빛을 흡수만 하고 어떤 색도 반사하지 않아요. 노란 물체는 노란빛을 반사하고 나머지 색깔 빛은 모두 흡수해요. 반사된 노란빛이 우리 눈에 들어와 노랗게 보이는 것이지요. 또한 여러 색이 같이 섞여서 다른 색조를 만들어 내기도 한답니다.

##  무지개는 어떻게 만들어지나요?

태양에서 오는 백색광은 무지개에 있는 모든 색으로 이루어져 있어요. 백색광이 빗방울을 만나면 꺾여 들어가는데, 색깔에 따라 꺾이는 정도가 달라요. 이렇게 꺾여 안으로 들어간 빛은 빗방울의 반대쪽 면에서 반사되어 앞쪽 면으로 되돌아와요. 또 빗방울을 빠져나오면서 한번 더 색깔에 따라 다르게 꺾여 하늘에 여러 색으로 펼쳐진답니다. 결과적으로 파장이 짧고 에너지가 높은 파란색과 보라색 빛은, 파장이 긴 다른 색깔의 빛보다 작은 각도로 빗방울에서 반사되어 나오지요. 이처럼 여러 색깔이 서로 다른 각도로 빗방울에서 반사되어 나오기 때문에 하늘에 무지개가 만들어지는 거예요.

태양    백색광    빗방울

### 그냥 궁금해요
무지개는 각각의 색깔이 다른 파장을 가지기 때문에 빨, 주, 노, 초, 파, 남, 보와 같이 항상 같은 순서로 보여요.

## 하늘은 왜 푸른가요?

태양 빛이 지구 대기에 들어오면 기체나 먼지 알갱이와 부딪혀요. 이 알갱이들은 다른 색조의 빛을 다르게 반사하고 산란시킨답니다. 낮에는 파란색이나 보라색처럼 높은 에너지를 가지는 짧은 파장대의 빛이 알갱이에 반사되거나 흩어져서 우리 눈에 가장 많이 들어와요. 또 우리 눈은 보라색보다는 푸른색에 더 민감해서 하늘이 푸르게 보이는 거랍니다. 그러다 해가 질 때쯤에는 빛의 스펙트럼의 다른 쪽에 있는 빨간색과 주황색의 빛을 보게 돼요. 빛은 더 긴 대기층을 통과하느라 기체나 먼지 알갱이와 더 많이 만나게 되는데, 그동안 파장이 짧은 빛은 거의 다 흩어져서 우리 눈에는 도달하지 못해요. 결국 파장이 긴 색깔의 빛만 남아서 붉게 보이는 거예요.

 # 전기로 만드는 빛

태양이나 별, 그리고 초에서 나오는 빛은 자연에서 오는 거예요.
하지만 사람들은 이런 불꽃이나 햇빛에 의존하지 않고 빛을 만들어 내요. 바로 전기를 이용해서 말이에요.

 ## 어떻게 동작하나요?

예전에 많이 쓰던 전구 안에는 **필라멘트**라고 부르는 전선이 들어 있어요. 스위치를 켜면 전구로 전기가 들어가서 필라멘트를 따라 흐르게 돼요. 필라멘트에서 전기 에너지는 열과 빛으로 바뀌고, 필라멘트가 비로소 빛나게 되지요. 밖을 둘러싼 모양의 유리는 전선을 보호해요. 또 공기 중 산소와 결합하는 걸 차단해서 불이 나지 않도록 해 준답니다.

토머스 에디슨은 오늘날 우리가 알고 사용하는 전구를 발명한 사람이에요. 에디슨은 필라멘트로 사용할 재료를 찾느라 수천 가지 물질을 시험했어요. 1879년 마침내 에디슨은 탄소 소재로 필라멘트를 만들어 그 전에 시도했던 다른 어떤 것보다 오래 빛나는 전구를 만들었어요. 1910년에는 화학적 원소인 텅스텐이라는 물질로 훨씬 더 오래 빛나는 전구가 만들어졌고요.
**텅스텐** 재질의 필라멘트는 오늘날 전구에도 여전히 사용되고 있지요.

 ## 백열전구

원래의 전구는 **백열전구**였어요. 빛나는 필라멘트를 가진 전구지요. 필라멘트는 탄소나 텅스텐과 같은 재료로 만들어요. 텅스텐은 녹는점이 높아서 잘 녹지 않고 엄청난 열을 받을 수 있어요. 하지만 시간이 흐르면 텅스텐도 타서 증발한답니다. 이것을 늦추려면 전구 내부에 산소를 없애고 잘 반응하지 않는 **불활성 기체**를 넣어 주어야 해요. 보통 질소나 아르곤을 사용하지요. 뿐만 아니라 텅스텐은 매우 미세하고 깨지기 쉽기 때문에 전구를 떨어뜨리지 않아야 해요. 전구의 유리 구가 멀쩡해도 텅스텐 필라멘트는 끊어질 수 있답니다. 그러면 회로도 끊어져서 불이 들어오지 않아요.

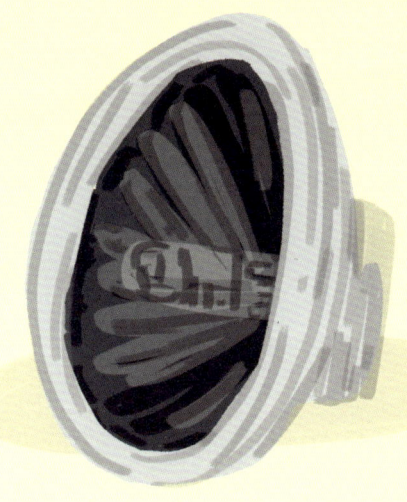

##  할로겐 전구

할로겐 전구 안에는 필라멘트를 보호하는 게 들어 있어요. 아이오딘이나 브로민과 같은 **할로겐 기체**를 넣은 또 다른 작은 전구가 필라멘트를 둘러싸고 있지요. 전기가 필라멘트를 지나가면 **할로겐 순환**이라고 하는 작용이 일어나요. 필라멘트의 금속이 증발하면 할로겐 기체가 그 증발한 금속을 필라멘트로 다시 보내서 사용할 수 있게 하지요. 할로겐 전구의 수명은 보통의 텅스텐 전구보다 두 배 더 길답니다.

##  LED 전구

백열전구와 할로겐 전구는 **에너지 효율**이 그리 좋지 않아요. 전구를 통해 흘러가는 대부분 에너지가 열로 사라지거든요. **LED(발광 다이오드)** 전등에서는 열로 사라지는 에너지가 거의 없어요. 전기가 필라멘트를 따라 흘러가는 게 아니라 **반도체**라고 하는 물질을 지나가기 때문이에요. LED 전구는 다른 전구만큼 밝지 않을 수는 있지만 수명이 훨씬 길고 훨씬 적은 전력을 사용해 빛나지요.

# 빛을 활용한 발명품들

빛이 어떻게 동작하는지를 알면 빛을 활용할 수 있어요.
작은 카메라에서 높게 솟은 등대까지, 빛의 능력을 활용한 여러 발명품들이 있답니다.

## 빛과 렌즈

굴곡진 유리 조각인 **렌즈**는 광선을 휘도록 해서 사물의 영상을 확대하거나 축소하고, 그 상의 초점을 맞추기도 해요. 광선은 렌즈를 지나면서 **굴절**해요.

### 볼록 렌즈

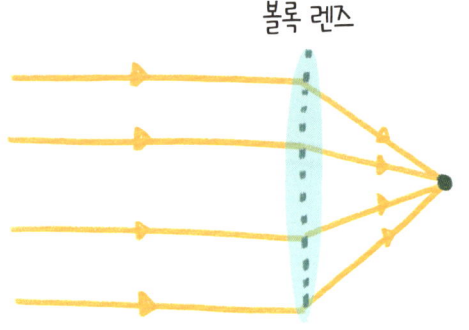

**볼록 렌즈**는 바깥쪽보다 가운데가 더 두꺼운 렌즈에요. 렌즈로 똑바로 들어온 광선을 휘도록 해서 반대쪽에 있는 초점에 **수렴하게**(같이 모이게) 해요.

### 오목 렌즈

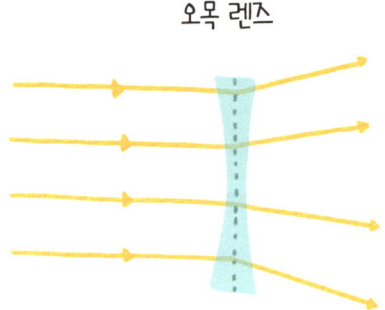

**오목 렌즈**는 바깥쪽이 두껍고 가운데가 더 얇은 렌즈에요. 광선이 렌즈를 지나가면 밖으로 **퍼지게** 된답니다.

## 현미경

**광학(빛) 현미경**은 연달아 이어진 렌즈를 활용하여 아주 작은 사물의 모습을 확대하는 장치예요. 거울에서 반사된 빛이 사물을 지나 렌즈를 통과하면서 상이 확대된답니다. 이 상은 여러분이 현미경에 눈을 대는 부분에 있는 접안렌즈를 통과하면서 또다시 확대돼요. 광학 현미경은 사람들이 가장 많이 사용하는 현미경이에요. 사물의 실제 크기보다 2천 배까지 확대할 수 있지요.

## 망원경

망원경도 현미경과 비슷한 방식으로 작동해요. **굴절 망원경**은 일련의 렌즈를 이용하여 멀리 있는 사물에서 나오는 빛을 받아 굴절시켜 크게 보이게 하는 장치예요. **반사 망원경**은 렌즈 대신 거울을 이용해 우주에 있는 천체에서 오는 빛을 받아 모으는 장치랍니다. 먼저 넓은 거울에서 상을 확대하고 동시에 반사해서 또 다른 거울로 보내요. 확대된 상은 그 거울에서 다시 반사되어 접안렌즈로 들어가게 된답니다.

## 카메라

카메라에는 **볼록 렌즈**가 있어서 빛을 한 점에 모아요. 그렇게 얻는 영상을 필름이나 센서에 담지요. 가장 선명한 사진을 찍기 위해서는 어떻게 해야 할까요? 렌즈와 피사체(사진이 찍히는 물체)와의 거리를 조절하면서 초점을 잡아야 해요.

## 등대

등대는 광학을 아주 잘 활용한 거예요. 커다란 **프레넬 렌즈**를 이용해 빛을 하나로 모아 밝은 광선을 내보내는 거예요. 프레넬 렌즈는 **동심원**(같은 중심을 가지는 원)인 여러 개의 고리로 이루어져 있답니다. 각각의 고리에는 렌즈가 있어서 뒤에 있는 광원에서 나오는 빛의 방향을 바꾼답니다. 광원에서 나오는 빛은 모든 방향으로 퍼져나가지만, 퍼져나가는 빛이 동심원의 고리 렌즈를 지나면서 방향이 바뀌어 한쪽으로 나란히 진행하는 밝은 광선이 만들어져 배를 안내할 수 있어요.

# 볼 수 있게 해 주는 빛

아마도 우리에게 가장 중요한 빛의 역할은 볼 수 있게 하는 것이겠지요. 우리 눈은 카메라와 비슷한 방식으로 동작하여 우리 주위의 세상을 사진처럼 담아 뇌가 처리하도록 한답니다.

## 눈은 어떻게 보는 건가요?

카메라처럼 눈에도 빛을 모으는 **렌즈**가 있어요. 여러분이 보고 있는 사물은 컴퓨터 모니터처럼 직접 빛을 내보내거나, 전등 아래 있는 책이나 낮에 보이는 나무처럼 다른 광원에서 받은 빛을 반사해요. 이처럼 사물에서 직접 방출되거나 반사된 빛이 눈동자를 통해 눈으로 들어오지요. 이 빛이 눈의 볼록 렌즈인 **수정체**를 지나면서 굴절하여 눈 뒤쪽 **망막**에 초점이 맺히게 해요. 하지만 이 상은 위아래가 뒤집혀 있어요. 뒤집힌 상은 시신경을 통해 뇌로 전달되어 다시 똑바로 보이도록 처리한답니다.

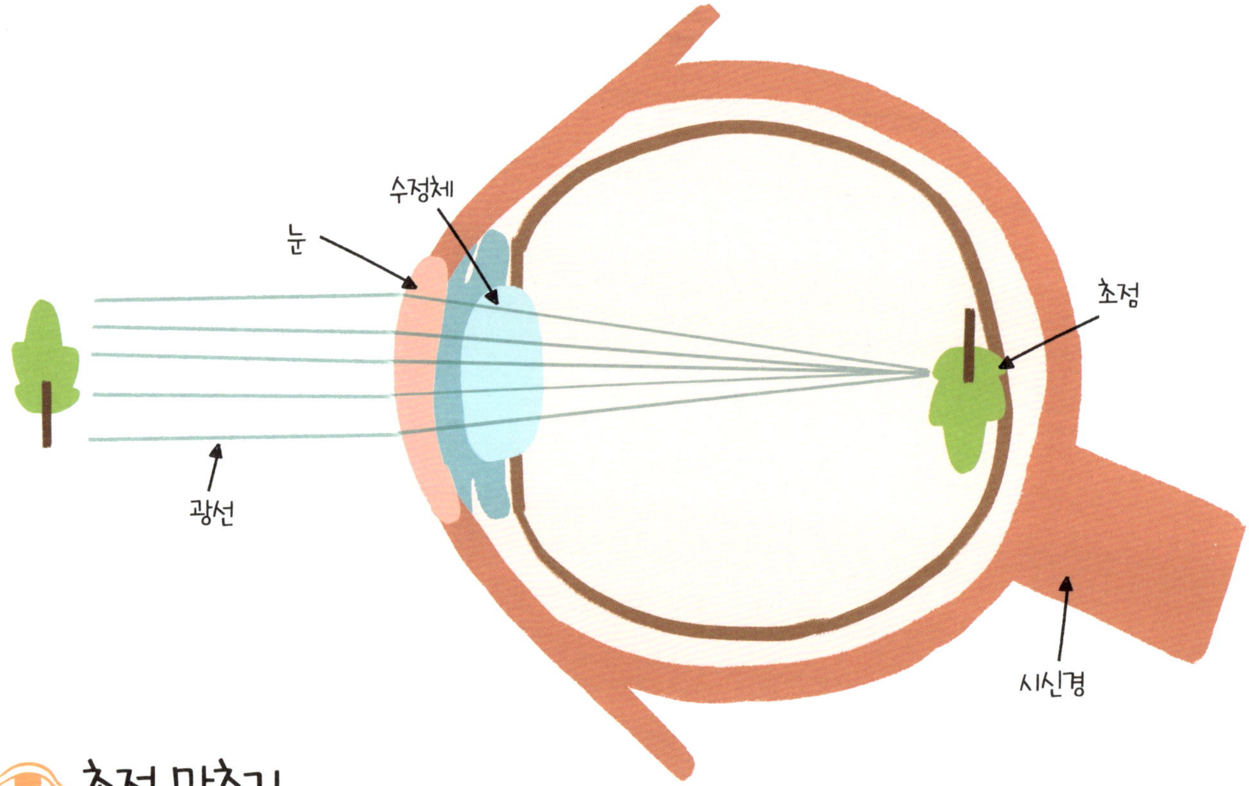

## 초점 맞추기

눈은 굴절해서 들어온 빛의 상과 각도에 초점을 더 잘 맞추려고 수정체에 있는 작은 **근육**을 써서 수정체를 수축하거나 이완해요. 사물이 눈에 가까이 있으면 사물에서 나오는 빛이 더 많이 퍼져서 눈으로 들어와요. 그러면 수정체는 더 볼록하게 되어서 들어오는 빛을 더 많이 꺾어 초점을 맞추지요. 반대로 사물이 아주 멀리 있으면 그 빛은 눈에 거의 평행하게 들어와요. 이 경우는 빛을 휘게 할 필요가 거의 없기 때문에 우리 눈의 수정체는 이완된답니다.

### 그냥 궁금해요

수정체는 순식간에 모양을 바꿀 수 있어요. 그래서 여러분은 바로 앞에 있는 손에 초점을 맞춰 보고 있다가도 곧바로 저 우주 멀리 있는 달을 볼 수 있지요.

## 시력을 교정하는 안경

종종 망막에 맺힌 상이 흐릿해지기도 해요. 이런 현상은 안구(눈알)가 너무 짧아지거나 길어질 때 일어날 수 있어요. 또는 수정체 근육이 광선에 초점을 잘 맞추지 못할 때 일어나기도 해요. 보통 나이가 들면 근육이 약해져서 시력이 점점 나빠진답니다. **안경**을 쓰면 시력을 교정할 수 있어요. 안경은 우리가 선명하게 상을 볼 수 있도록 자기 수정체에 맞는 렌즈를 정밀하게 설계하여 만들어요. 가까이 있는 게 잘 안 보인다면, 사물에서 오는 빛을 더 모아 주는 **볼록 렌즈** 안경을 쓰면 돼요. 반대로 멀리 있는 사물에 초점을 맞추지 못한다면, 사물에서 오는 빛을 더 넓혀 주는 **오목 렌즈** 안경을 쓰면 돼요.

| 40 | 50 | 60 | 70 | 80 |

# 4장

## 음향학
### 모든 소리의 세계

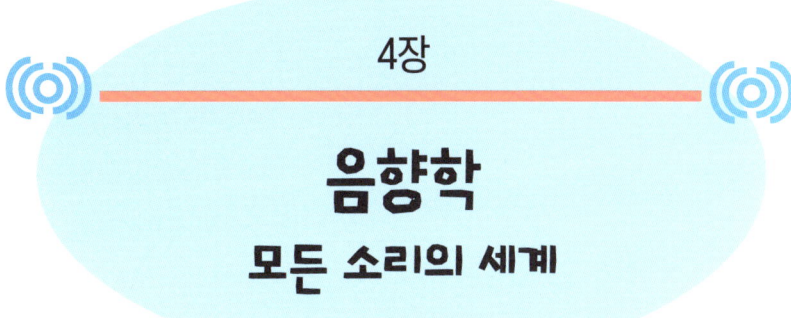

번쩍이는 번개에 이어서 들려오는 천둥, 기타의 현에서 귀로 들려오는 음악,
속삭임이나 함성, 이런 모든 것들이 소리예요.

**음향학**은 이러한 소리와 그 속성을 다루는 학문이에요.
소리는 어떻게 시끄럽거나 조용할 수 있을까요? 어떻게 높거나 낮은 걸까요?
소리는 얼마나 빠를까요? 어떻게 들을 수 있을까요?
어떻게 하면 새롭고, 유용하게 소리를 활용할 수 있을까요?
이 장을 읽으며 여러 가지 질문을 해 봐요. 그리고 여러분 주위의 소리에 귀를 기울여 보세요.

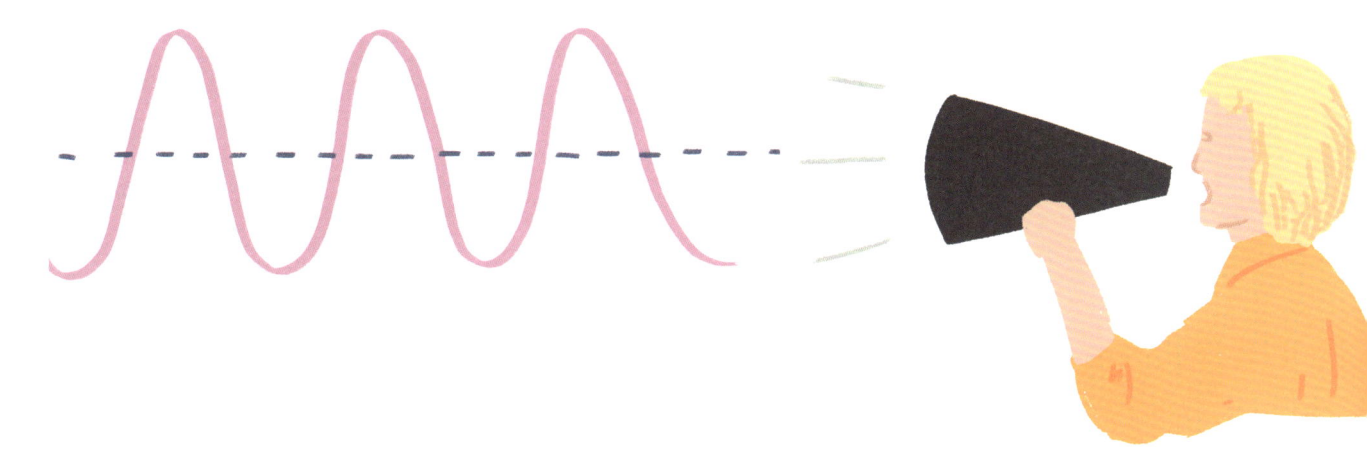

# 소리를 만드는 음파

우주 공간에서는 아무리 외쳐도 누구도 듣지 못해요. 하지만 지구에 있는 여러분이 집에서 비명을 지르면 온 집 안 사람들을 깨울 거예요. 이 차이는 소리가 어떻게 진행하는지와 관련 있어요.

## 소리가 뭔가요?

**소리**는 **진동**(어떤 것이 앞뒤로 흔들리는 것)에서 나오는 에너지예요. 소리를 만드는 물체가 진동하면서 주위의 공기도 진동하게 돼요. 이것을 **음파**라고 해요. 이 파동은 기압이 변하는 무늬를 보여 줘요.

음파는 공기를 통해 여러분의 귀와 **고막**까지 들어간답니다. 그리고 고막이 진동하며 신호를 뇌로 보내 소리를 **듣게** 되는 거예요.

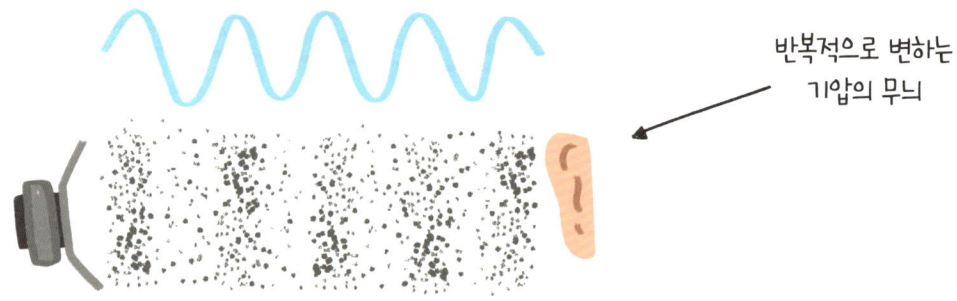

반복적으로 변하는 기압의 무늬

연주자가 기타를 치면 현이 진동해요. 현이 진동하면서 그 주변에 있는 공기를 진동시켜서 음파가 여러분의 귀까지 들어가게 되는 거예요. 그러면 여러분의 뇌가 이 진동을 음악으로 인식한답니다!

음파는 진행하면서 에너지를 잃기 때문에 소리가 점점 작아져요. 종종 기타 줄이 떨리는 것을 볼 때처럼 진동하고 있는 음원을 볼 수도 있지만, 대체로 진동하는 건 전혀 보이지 않아요. 단지 들을 뿐이지요.

기타 현이 진동해서 음악이 돼요!

## 음파를 전달하는 매질

음파가 진행하려면 진동할 수 있는 입자로 이루어진 **매질**이라는 것이 필요해요. 소리는 공기와 같은 기체, 물과 같은 액체, 나무나 금속 같은 고체를 통해 전달될 수 있어요. 하지만 우주의 텅 빈 곳처럼 어떤 물질도 존재하지 않는 진공에서는 불가능하지요. 우주 공간에는 공기 입자조차 하나도 없어서 진동하여 소리를 전파할 게 아무것도 없기 때문이에요.

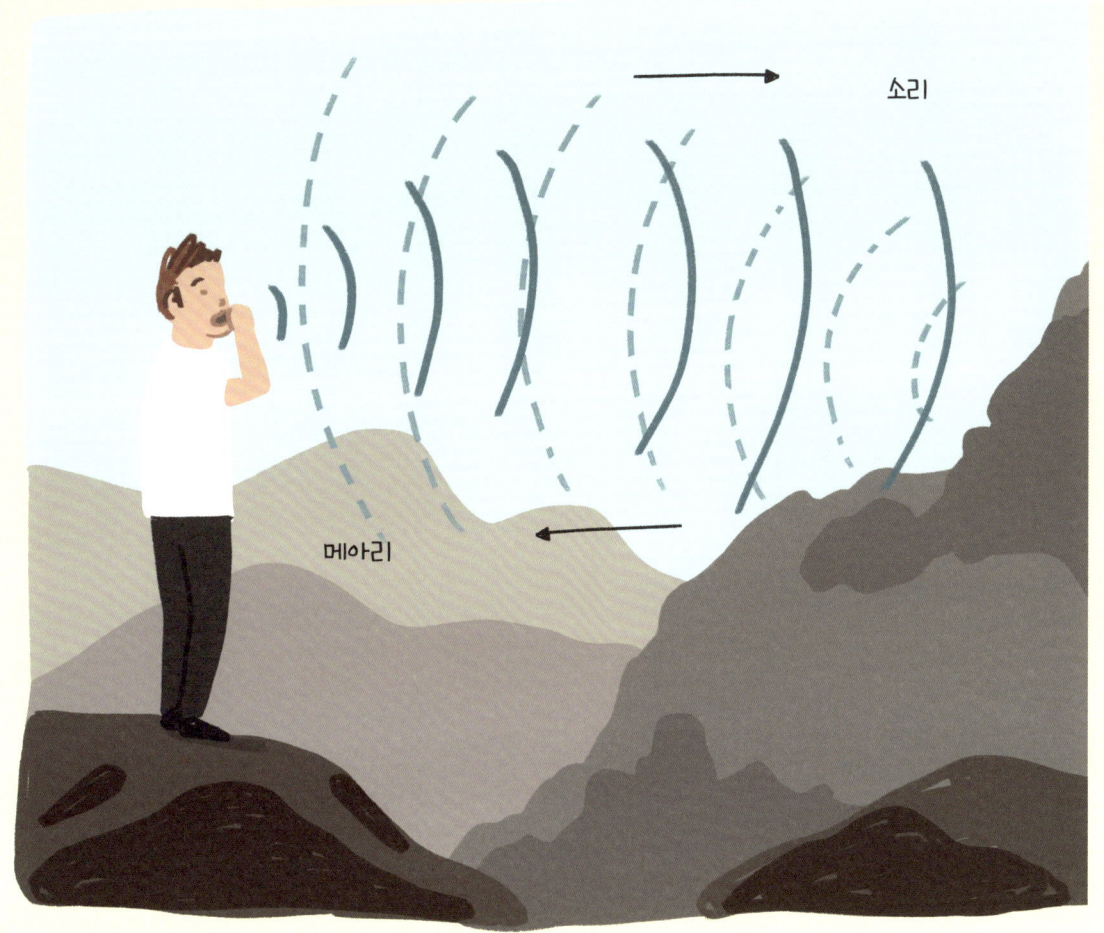

## 메아리

음파도 빛처럼 **반사**되거나 **흡수**될 수 있어요. 음파가 쿠션 같은 부드러운 표면에 부딪히면 흡수가 되어서 소리가 사라지지요. 반대로 음파가 단단하고 매끄러운 물체에 부딪히면 그중 일부가 반사되어 튕겨 나와요. 이런 현상을 **메아리**라고 해요. 표면에서 반사되어 나온 음파와 함께 소리가 반대 방향으로 되돌아오게 되면서, 원래 소리를 들은 뒤 얼마 있다가 같은 소리를 반복해서 듣게 되는 거예요. 굴속처럼 또 다른 단단한 면이 있다면 반사된 음파가 또다시 반사돼요. 야호, 야호! 동굴 속이나 산에서처럼 단단한 면이 많은 곳에서는 메아리를 아주 쉽게 들을 수 있어요.

#  변하는 음량

너무 조용해서 거의 들을 수 없는 소리부터 너무 시끄러워서 귀를 막아야 할 정도의 소리까지 소리에는 다양한 범위가 있어요. 소리는 **에너지**에 따라 이렇게 변한답니다.

## 🔊 음량이 뭔가요?

음량은 소리가 큰지 작은지를 나타내는 거예요. 소리는 공기가 떨면서 진동하는 파동으로 나아가는 에너지라는 걸 우리는 앞에서 이미 배웠어요. 크고 강한 진동은 많은 에너지를 가지고 있어서 시끄러운 소리를 만들어요. 큰 파동은 귀의 고막을 세게 밀지요. 반대로 작고 약한 파동은 적은 에너지를 가지고 있어서 조용한 소리를 만들어요. 작은 파동은 귀에 들어가도 고막을 세게 밀지 못해요. 친구에게 속삭일 때는 조용한 소리를 내요. 하지만 함성을 지를 때는 달라요. 더 큰 에너지로 엄청나게 센 진동이 일어나서 시끄러운 소리를 듣게 되는 거예요!

## 🔊 높은 진폭

파동의 높이를 **진폭**이라고 해요. 음파의 중간 지점부터 가장 높은 점까지의 높이지요. 진폭이 큰 파동은 진폭이 작은 파동에 비해 더 높은 마루(파동의 꼭대기)와 더 낮은 골(파동의 가장 낮은 곳)을 가지고 있어요. 큰 에너지를 가진 소리는 큰 진폭을 만들어요. 파동의 진폭이 더 커질수록 소리는 더 크게 들리는 거예요.

## 🔊 데시벨이라는 단위

소리 에너지는 **데시벨**(dB)이라는 단위로 측정한답니다. 데시벨 수치가 높을수록 소음이 더 큰 거예요. 어떤 소음은 너무 커서 우리 귀와 청력에 손상을 입히기까지 해요. 데시벨 척도의 가장 높은 정도인 150데시벨은 우리 귀가 견딜 수 있는 절대적인 한계이지요. 하지만 이보다 낮은 경우에도 소음이 나는 음원에 가깝게 있거나 소음에 노출된 시간이 길면 손상을 입을 수 있어요.

특별한 장치로 데시벨 수치를 측정해서 소음 정도가 안전한지를 결정할 수 있어요. 예를 들어 록 콘서트의 소리가 청중에게 너무 크지 않은지, 이어폰의 음량이 어느 정도여야 안전한지도 이 장치로 판단할 수 있답니다.

### 그냥 궁금해요

지구에서 발생한 가장 큰 소리 중 하나가 1883년에 일어난 크라카토아 화산 폭발이에요. 그때 발생한 소리는 180데시벨로 추정되는데, 약 5,000킬로미터 밖에서도 폭발 소리가 들렸다고 해요.

# 서로 다른 음높이

소리는 음량으로만 변하는 게 아니에요. 음높이로도 달라질 수 있어요.
음이 너무 높거나 너무 낮으면 우리 귀로는 들을 수 없답니다.

## 음높이가 뭔가요?

**음높이**는 소리가 얼마나 높은지 낮은지 나타내는 거예요. 어떤 물체가 진동하여 소리를 만들 때는 진동하는 속력이 다를 수 있어요. 물체가 빨리 진동하면 고음의 소리가 돼요. 반대로 느리게 진동하면 저음이 된답니다.

## 다른 파장

각각의 음파는 자신만의 고유한 **파장**을 가지고 있어요. 파장은 가장 가까이 있는 두 마루(봉우리) 사이의 거리예요. 고음의 소리는 파장이 짧아 진동하는 파가 서로 가까이 있어요. 저음의 소리는 긴 파장을 가지고 있어서 진동하는 파의 봉우리가 넓게 퍼져 있어요. 새는 빠르게 진동하는 소리를 내어 짹짹 지저귀는 거예요. 파장이 짧아서 그만큼 높은 소리가 나와요. 하지만 트럭이 울리는 경적 소리는 훨씬 느리게 진동해요. 파동의 마루들이 서로 멀지요. 다시 말해 파장이 길어서 느리고 낮은 소리가 나오는 거예요. 빠앙!

## 주파수 찾기

음높이는 **주파수**로 측정돼요. 주파수란 소리가 만든 음파가 1초 동안 진동하는 횟수랍니다. 주파수의 단위는 헤르츠(Hz)에요. 파장이 짧으면 파장이 긴 경우보다 같은 시간 동안 더 많은 진동이 일어나게 돼요. 그래서 짧은 파장의 소리는 **높은 주파수**를 가지며, 높은 소리를 내는 거예요. 반대로 긴 파장의 소리는 **낮은 주파수**라서 저음을 내요.

라디오는 다른 주파수를 이용하여 다양한 방송을 제공해요. 방송국마다 93.9 또는 100.1과 같이 서로 다른 주파수를 가지고 있고, 이를 방송국의 **주파수 대역**이라고 해요. 방송국은 이 주파수에 해당하는 신호로 방송을 보내고, 청취자들이 그 주파수에 채널을 맞추면 방송을 들을 수 있는 거랍니다.

> 라디오 방송마다 주파수가 달라요

## 귀로 들을 수 없는 범위

어떤 소리는 너무 높거나 너무 낮아서 우리 귀로 들을 수 없어요. 우리 귀로 듣기에 너무 높은 소리를 **초음파**라고 해요. 반대로 너무 낮아서 들을 수 없는 소리는 **초저주파**라고 해요. 어떤 동물은 우리가 들을 수 없는 소리를 들을 수 있어요. 예를 들어, 개는 고주파 소리에 더 민감한 귀를 가지고 있어요. 특수한 개 호루라기를 불면 개는 듣고 달려오지만, 개 보호자인 사람은 호루라기 소리를 전혀 들을 수 없어요!

# 사람의 청력

사람의 귓속은 여러 작은 부분들로 구성되어 있어요.
음파를 알아내기 위해 완벽한 모양을 갖추고 있지요.

###  우리는 어떻게 듣나요?

어떤 사물이 소리를 만들면 거기서부터 음파가
나와 진행해요. 그렇게 진동이 귀에 들어오면 귓속
기관들이 뇌로 신호를 보내고 뇌는 마침내 소리를
해석하지요. 이 과정은 진동을 전달하는 여러
단계로 이루어져요.

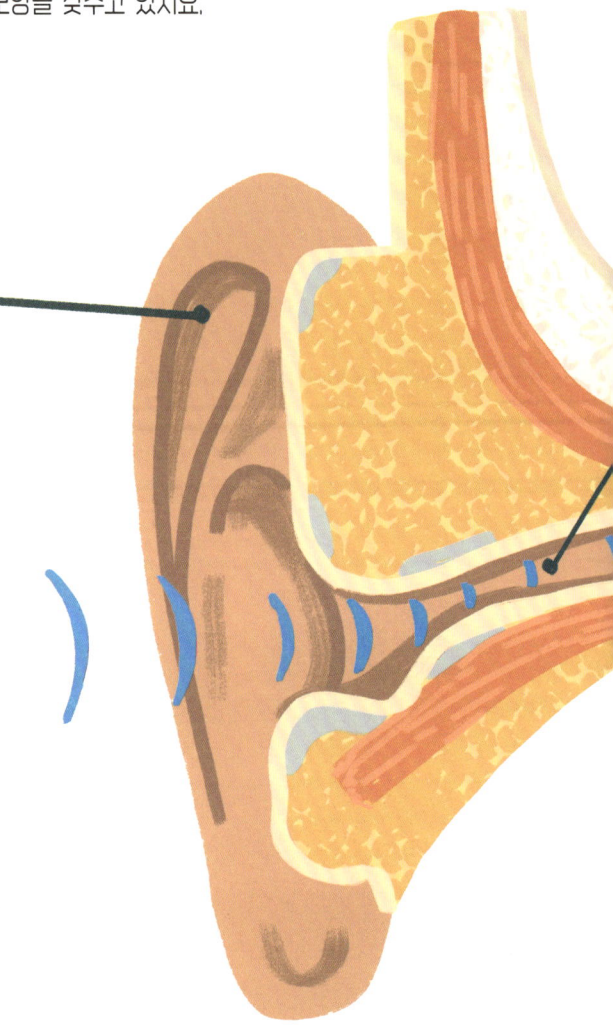

1. 외이(귀의 바깥 부분)에 있는 우스꽝스럽게 생긴 **귓바퀴**는 소리가 귀 안으로 잘 들어가도록 깔대기 같은 역할을 해요.

2. 음파는 관처럼 생긴 **외이도**(안으로 연결된 관)를 따라 이동해요.

3. 그렇게 들어온 음파는 얇은 **고막**에 도달해요. 음파가 고막을 치면 고막이 진동해요.

4. 고막이 진동하면 **이소골**이라고 부르는 세 개의 아주 작은 뼈도 같이 진동해요.

5. 이소골이 앞뒤로 움직이면서 **난원창**이라고 부르는 또 다른 막을 밀고 당기게 돼요.

6. 내이(귀의 안쪽 부분)의 관 깊숙이 있는 유체도 진동을 시작하게 돼요. **달팽이관**에 있는 가느다란 털들이 유체의 진동을 감지하여 뇌로 신호를 보내 소리를 해석한답니다.

귓속에서 연쇄 반응이 일어나요!

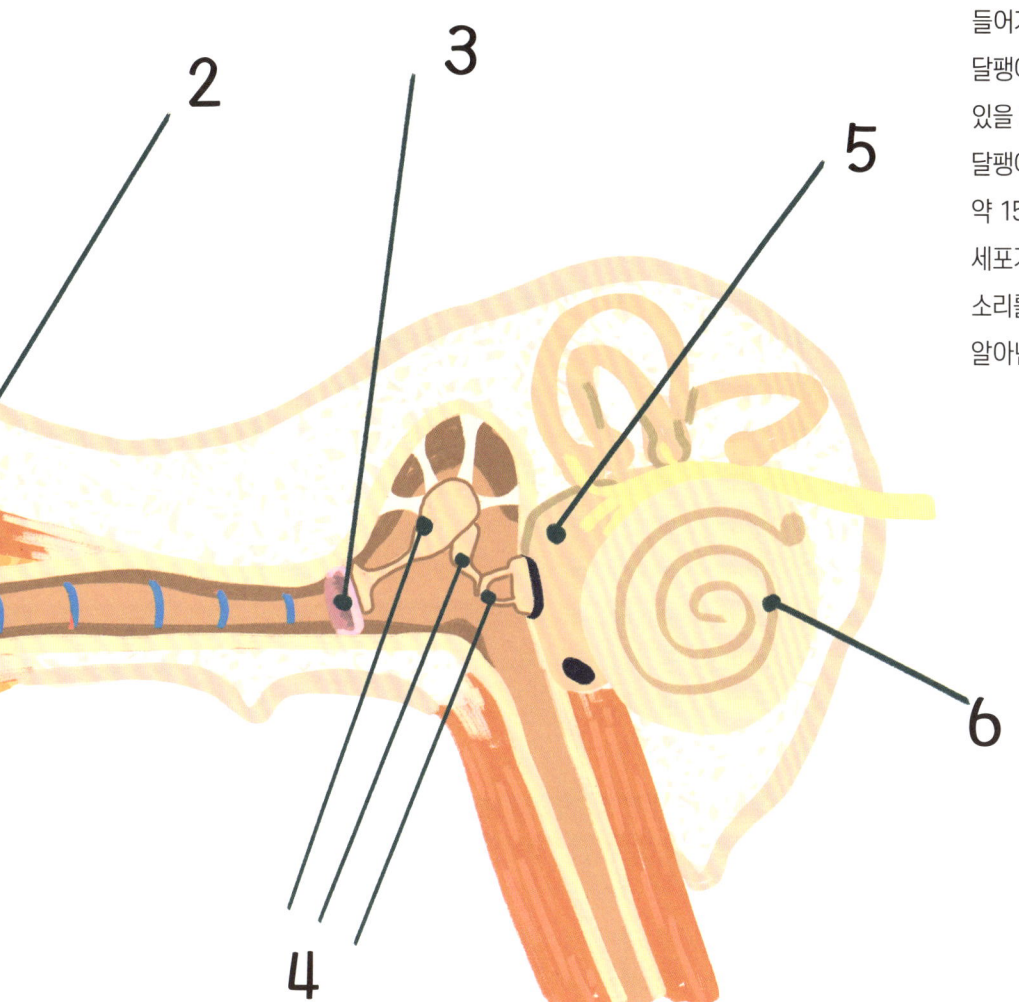

##  영리한 달팽이관

진동은 여러 관과 막을 거쳐 진행해 들어가면서 점점 더 집중돼요. 소리가 달팽이관에 도달할 때쯤에는 귀 밖에 있을 때보다 약 20배 정도 강해져 있어요. 달팽이관 안에는 유체의 진동을 알아내는 약 15,000개 정도의 가느다란 유모(털) 세포가 들어 있어요. 유모 세포는 각기 다른 소리를 알아내요. 이 모든 유모 세포가 알아낸 진동 패턴이 뇌로 전달된답니다.

## 청력을 보조하는 보청기

귀로 소리를 듣는 이 과정이 제대로 동작하지 않을 때가 있어요. 고막이 찢어져서 진동이 제대로 전달되지 않거나, 너무 많은 유체가 있거나, 귀 안에서 진동을 방해할 수 있는 뼈가 자라는 경우예요. 아기 때 귀가 제대로 발달하지 않는 경우도 있지요. 이럴 때는 잘 들을 수 있도록 **보청기**를 사용해요. 보청기는 음량을 높여 소리를 **증폭**시킨답니다. 보청기 내의 마이크가 사람 주위의 소리를 검출해서 디지털 신호로 변환시켜요. 변환된 신호의 세기를 증폭기로 증가시켜 스피커를 통해 귀로 신호를 보내는 거예요. 보청기는 청력을 잃은 사람들 각각에게 가장 적합한 음량을 낼 수 있도록 조절하여 개별 맞춤형으로 제작된답니다.

# 소리의 빠르기를 나타내는 음속

소리는 매질이 다른 곳에서는 다른 속력으로 전달돼요. 소리는 빛보다 훨씬 느리답니다. 심지어 어떤 비행기는 소리보다 더 빨리 날아갈 수 있지요. 대체 소리는 얼마나 빠를까요?

##  음속이 뭔가요?

소리는 입자들을 진동시켜 만들어져요. 과학자들은 이 입자들이 얼마나 빨리 진동하는지를 측정해서 음속을 결정했어요. **음속**은 바람이나 기온에 따라 변하지만, 보통 공기 중에서 1초에 약 340미터(340m/s)의 속력으로 나아가요. 누군가 소리를 내면 340미터(줄지어 주차해 있는 시내버스 40대 정도의 길이) 떨어져 있는 사람이 1초 뒤에 들을 수 있다는 뜻이에요.

제트 전투기 - 670m/s

소리 - 340m/s

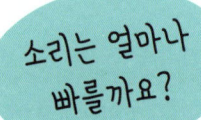

소리는 얼마나 빠를까요?

자동차 - 134m/s

같은 시간 동안 제트 전투기는 두 배 정도 더 멀리 날아가요. 전투기는 공기 중 음속의 거의 2배 정도로 빠르거든요. 하지만 공기 중에 전달되는 소리는 세상에서 가장 빠른 자동차와 세상에서 가장 빠른 육상 동물보다는 빨라요.

치타 - 31m/s

## ⚡ 액체와 고체에서의 음속

소리는 공기 중에서보다 물속에서 더 빨리 나아가요. 정말 훨씬 더 빨라요. 약 1,493m/s로 나아가지요. 보통 공기 중에서 나아가는 속력의 4배가 넘어요. 그 이유는 소리가 입자들 사이를 지나면서 나아가기 때문이에요. 물과 같은 **액체** 속 입자들은 공기 같은 **기체**에 있는 입자들보다 서로 더 가까이 있어서 소리가 한 입자로부터 다음 입자까지 훨씬 빨리 나아갈 수 있는 거예요. 금속 같은 **고체** 안에서는 입자들이 더욱더 가까이 있어서 물에서보다도 훨씬 더 빨리 나아가요. 예를 들어, 강철 안에서 소리는 공기 중 속력의 15배 정도가 되는 최고 약 5,130m/s의 속력으로 나아갈 수 있답니다.

##  음속으로 폭풍우를 예측해요

과학자들은 음속을 측정하려고 마이크를 사용하기도 해요. 마이크 2개를 음원으로부터 멀리 떨어뜨려 놓고 소리가 얼마나 빨리 각각의 마이크에 도달하는지를 측정해요. 이 차이를 이용하면 소리의 속력을 계산할 수 있어요.

또 번개가 얼마나 멀리서 쳤는지, 폭풍우가 다가오는지 걷히고 있는지를 알려고 할 때도 소리를 이용할 수 있어요. 번개가 번쩍이는 매 순간과 이어서 들리는 천둥소리 사이의 시간 간격을 측정해요. 번개와 천둥소리 사이의 시간 간격이 점점 짧아지면 폭풍우가 점점 가까워지는 걸 예측할 수 있어요. 반대로 시간 간격이 점점 길어지면 폭풍우가 멀어져 가고 있다는 뜻이에요. 물론 폭풍우가 몰아칠 때에는 가까워지든 멀어지든 늘 건물 안에서 안전하게 있어야 해요!

# 소리보다 더 빠른 초음속

어떤 물체는 공기 중에서 진행하는 소리보다 더 빨리 이동할 수 있어요.
그런 일이 생기면 엄청난 충격파와 소리를 만들어 내요.

## 음속보다 더 빠른 초음속

소리는 보통 공기 중에서 1초당 340미터로 나아가요. 이 속력을 **마하 1**이라고 해요. 어떤 것이 마하 1보다 더 빨리 움직이면 **초음속**이라고 해요. 소리보다 더 빨리 움직이는 것이지요.

펑!

## 소닉 붐(충격파음)

제트 비행기는 날아가면서 엔진이 만드는 음파를 모든 방향으로 내보내요. 만약 제트 비행기가 음속보다 더 빨리 움직이게 되면 결국 음파보다 앞서서 나아가게 돼요. 비행기가 자신이 만든 음파를 추월하는 순간, 이 파동을 한꺼번에 뭉개 버리지요. 이때 **소닉 붐**이라고 하는 엄청난 충격파음이 만들어져요. 그래서 땅에서도 천둥이 바로 옆을 지나치는 것처럼 커다란 소리가 들릴 수 있어요.

##  충격파

**충격파**는 어떤 것이 음속을 뚫고 나아갈 때 일어나는 압력의 급격한 변화예요. 원뿔 모양의 구름으로 볼 수 있어요. 비행기가 초음속에 가까워지면 앞에 있는 공기 입자를 한꺼번에 뭉개 버려요. 그러면 이 공기 입자들이 비행기 뒤로 퍼져 나가면서 온도가 내려가요. 온도가 더 내려가면 대기 중의 수분이 응축해서 물방울이 만들어지고, 제트 비행기 뒤로 이 수증기가 원뿔 모양으로 퍼져 나가게 돼요. 그러다가 이들 공기 입자가 정상으로 돌아오면 결국 사라지지요.

##  너무 시끄러워요!

음속보다 빨리 날아가는 항공기는 보통 제트 전투기예요. 여러분이 이용하는 대부분 상업용 비행기는 초음속에 도달하지 못해서 소닉 붐과 같은 충격파음이 나오지는 않아요. 개인용 제트기의 속력이 점점 더 빨라지고 있지만, 마하 1에 도달할 때 나오는 소리 때문에 개발에 제한을 두고 있어요. 소닉 붐은 우리 환경에 너무 큰 소음을 가져오기 때문에 과학자들과 공학자들은 이 충격파음을 없애는 방법을 찾기 위해 열심히 연구하고 있어요.

###  그냥 궁금해요

콩코드는 초음속으로 비행한 최초의 여객기였어요. 음속의 2배인 마하 2 이상의 속력을 낼 수 있었어요. 콩코드는 1970년대부터 운항을 시작했지만, 운영비가 너무 많이 들어가고 소음이 심해서 2003년에 운항을 멈추었어요.

# 소리로 음악 만들기

칠판을 손톱으로 긁는 소리처럼 우리를 오싹하게 만드는 소리도 있어요.
바로 옆에서 들리는 사이렌 소리는 귀를 막게 하지요. 하지만 음악은 듣기 좋은 소리랍니다.

##  음악이 뭔가요?

음악은 귀를 즐겁게 하려고 결합시키는 소리예요. 음악은 매우 강렬해서 여러분을 춤추게도, 웃음 짓게도, 심지어 울음을 터뜨리게도 할 수 있어요. 음악은 여러 다른 **악기**에서 만들어진 소리의 진동으로 완성돼요. 소리의 연결과 형식이 귀로 전달되면 뇌에서 **음악**으로 인식하게 되는 것이지요.

##  음표

많은 악기들은 다른 주파수에 맞춰 **조율**할 수 있어요. 예를 들어, 기타에 있는 각각의 줄은 고음에서 저음까지 다양한 주파수를 만들도록 다르게 조율해요. 이것을 **음표**라고 해요. 다른 악기라도 동일한 주파수를 만들어 같은 음표를 연주할 수도 있어요. 하지만 형태나 모양이 다른 악기가 만드는 음파는 서로 달라서 다른 소리가 나와요. 첼로와 같은 큰 악기는 크고 낮은 음표를 만들지만, 피콜로와 같은 작은 악기는 높은 주파수의 음표만 연주할 수 있어요.

##  관악기

**관악기**에서는 공기 자체가 진동해서 음악이 만들어져요. 연주자는 관악기 내부의 공기를 진동시키지요. 플루트나 피리 같은 악기는 내부로 바람을 직접 불어 넣고, 클라리넷이나 오보에 같은 악기는 작은 리드를 통해 바람을 불어 넣는 거예요. 또 이러한 악기의 건을 누르거나 떼면 공기가 빠져나갈 다른 구멍을 열 수도 있어요. 또 다른 구멍을 막으면 다른 음이 만들어지지요.

## 🥁 타악기

**타악기**는 손이나 도구로 쳐서 소리를 내는 드럼, 트라이앵글, 종(벨), 실로폰 같은 악기예요. 드럼 위에는 팽팽하게 잡아당겨진 가죽이 덮여 있어요. 가죽을 치면 위아래로 진동하면서 소리가 만들어지지요. 종과 실로폰은 금속이 주위의 공기를 진동시켜 나아가게 하면서 소리를 만든답니다.

## 🎻 현악기

기타, 바이올린, 첼로, 하프 같은 악기를 **현악기**라고 해요. 팽팽하게 잡아당긴 줄이 악기에 걸려 있지요. 고정 못을 조이거나 풀면 특정 주파수로 조율할 수 있어요. 가능한 주파수의 범위를 얻기 위해 줄의 두께도 서로 다르게 한답니다. 두꺼운 줄은 낮은 음표의 소리를, 얇은 줄은 높은 음표의 소리를 만들어요. 기타 줄을 치거나 바이올린 줄을 활로 밀면 줄이 진동해요. 여기서 발생한 소리는 악기에 있는 **울림구멍** 밖으로 퍼져 나와 우리 귀로 들어오지요.

# 도플러 효과

파동은 움직이면서 변해요. 파동은 물체 주변에 뭉쳐 있을 수도 있고, 흩어져 버릴 수도 있어요. 이것은 소리에 아주 놀라운 영향을 미친답니다. 거대한 우주를 이해할 때도 이것을 중요하게 보아야 해요.

## 도플러 효과가 뭔가요?

**도플러 효과**는 관측자를 기준으로, 음원이나 광원의 상대적인 위치나 움직임이 달라지면 음파나 광파의 주파수가 변한다는 거예요. 번쩍이는 구급차가 여러분을 급히 지나칠 때 들리는 사이렌 소리를 생각해 봐요. 구급차가 다가올 때는 사이렌 소리가 고음으로 들려요. 하지만 구급차가 지나쳐 가면 사이렌 소리가 낮아져요. 삐이-뽀오- 이런 식으로요. 바로 사이렌 소리가 음파라서 그런 거예요. 구급차가 다가오면 사이렌의 음파는 마치 헤엄쳐 앞으로 나아가는 오리 앞의 물결파처럼 서로 뭉쳐져요. 이 현상으로 구급차에서 나오는 음파의 파장이 짧아져 높은 소리가 되지요. 하지만 구급차가 멀어지면 음파는 뒤쪽으로 늘어나 파장이 길어지고 낮은 소리로 들리게 된답니다.

## 기차 안 트럼펫 실험

1845년 과학자들은 증기 기관차에서 도플러 효과를 검증했어요. 기차가 역 근처를 지나는 동안 기차 안에 있는 트럼펫 연주자들에게 같은 음높이로 연주를 계속하게 했어요. 과학자들은 기차역 승강장에 서서 음높이를 측정하였고, 정말로 기차가 역을 지나가자마자 음이 내려가는 걸 확인했답니다.

## 빛에도 적용되는 도플러 효과

도플러 효과는 소리뿐만 아니라 빛에도 적용할 수 있어요. 빛으로는 색깔이 변하는 걸 볼 수 있지요. 별들이 지구에 가까워지면 파장이 짧아져 더 푸르게 보여요. 반대로 별들이 멀어지면 파장이 길어져 더 붉게 보인답니다. 이것을 **적색편이**라고 해요. 과학자들은 특수한 망원경을 이용하여 우주에 있는 별들 대부분이 더 푸르게 보이는 게 아니라 더 붉게 보인다는 것을 알게 됐어요. 이 사실은 별들과 그 별이 속해 있는 은하들이 모두 지구로부터 멀어지고 있다는 거예요. 바로 우주가 팽창하고 있다는 증거이지요.

### ? 그냥 궁금해요

도플러 효과라는 말은 물리학자인 크리스티안 도플러(Christian Doppler)의 이름을 따서 지어졌어요. 그는 1803년 오스트리아에서 태어나 수학, 물리학, 천문학을 공부했어요. 별들이 다양한 색을 띠는 데 매료되었지요. 그리고 1842년 도플러 효과를 발견했어요.

## 도플러 효과를 통해 알게 된 것들

도플러 효과가 발견된 다음, 이것을 여러 가지 다른 방식으로 사용하고 있어요. 1940년대에는 도플러 레이더가 개발됐어요. 이 장치를 통해 도플러 효과의 편차를 고려하여 폭풍우의 위치 등 기상을 더 정확히 읽고 예측하게 됐어요. 1999년에 천문학자들은 별들이 생각했던 것보다도 훨씬 더 멀리 떨어져 있다는 것을 발견했어요. 우주가 팽창하고 있을 뿐만 아니라, 그 속도도 점점 빠르게 팽창하고 있다는 것을 알게 된 것이지요.

# 소리의 다양한 이용

소리는 세상 어디에나 있어요. 소리가 어떻게, 얼마나 빨리 진행하는지를 안다면 여러 기술에 중요한 도움을 줄 수 있지요. 야생 동물 또한 소리를 이용한답니다.

## 소나(음파 탐지기)

배와 잠수함은 소리를 이용하여 바다에서 거리와 깊이를 측정해요. **소나(음파 탐지기)**라고 부르는 장치로 음파를 내보내요. 물속을 진행해 나간 음파는 바다의 바닥이나 빙산과 같은 다른 물체에 반사되어 튕겨 나와 메아리처럼 이 장치로 되돌아와요. 이렇게 반향된 음파가 되돌아오는 데 걸린 시간을 측정하면 물체나 바다의 바닥이 얼마나 멀리 떨어져 있는지 알 수 있어요. 깊고 깜깜한 물속에서는 눈으로 빙산을 보기가 어려워서 이때에도 소리로 감지하여 충돌을 피한답니다.

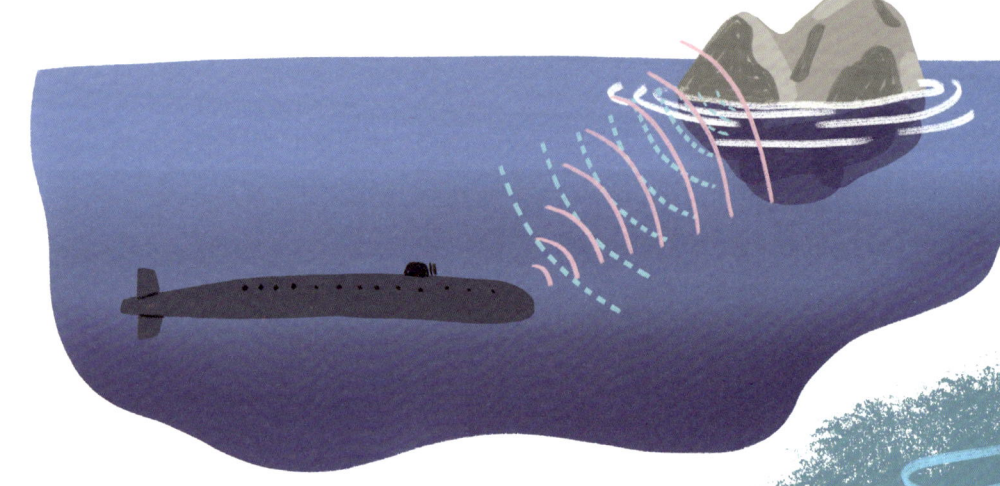

## 동물의 반향 위치 측정

돌고래, 고래, 박쥐 같은 동물들은 먹이를 찾을 때 비슷한 방식을 이용해요. 이런 동물들은 어둠 속에서나 물속 깊은 곳에서 사냥하기 때문에 눈으로 바로 앞에 있는 먹잇감을 쉽게 볼 수 없어요. 대신 청각에 의존하지요. 고음의 딸깍 소리를 이어서 보내면 물고기나 곤충 같은 먹잇감에 반사된 음파가 돌고래나 박쥐의 매우 민감한 귀로 되돌아와요. 반향되어 나온 소리를 들은 이들 동물 사냥꾼은 먹잇감이 어디에 있는지를 알고 와락 덤벼 들지요.

## 초음파

**초음파**는 너무 높아서 우리 귀로 들을 수 없는 고음의 소리예요. 우리는 이 소리를 듣는 데 이용하기보다는 보는 데 이용할 수 있어요. 초음파가 보통 쓰이는 곳은 병원이에요. 의사는 초음파를 이용하여 임산부 배 속에 아기가 잘 크고 있는지를 확인할 수 있어요. 보낸 초음파가 배 속에 있는 아기에게서 반사하여 검출기로 되돌아오기 때문이에요. 이렇게 받은 음파를 모두 합쳐서 컴퓨터 모니터에 영상으로 나타낸답니다. 아가야, 안녕!

또 초음파를 이용하여 반지 같은 금속도 **청소**할 수 있어요. 반지를 초음파 수조에 넣으면 초음파가 만드는 빠른 진동이 더러운 것을 흔들어 떨어뜨리는 거예요.

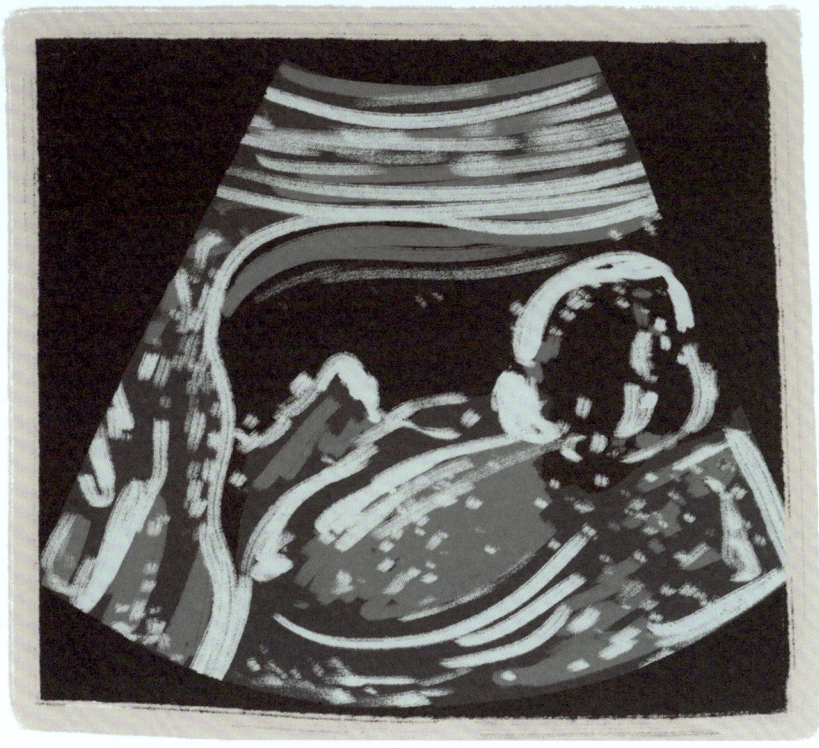

초음파로 금속을 청소해요!

### ? 그냥 궁금해요

고래는 위치와 먹잇감을 찾기 위해 소리를 내기도 하지만 노래를 불러 의사소통하고 짝도 찾아요. 고래가 내는 저음의 소리는 물속에서 아주 멀리까지 진행한답니다.

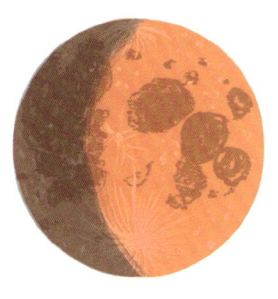

# 5장
## 천체 물리학
### 우주 공간으로의 여정

우주 공간에는 별, 행성, 태양, 달… 등이 가득해요. 하지만 어떻게 있는 걸까요?
이 우주는 어디서 시작했을까요? 우리 태양계는 어떻게 이 자리에 그대로 있는 걸까요?
이 장에서는 우주 공간의 물리학을 보게 될 거예요.

**천체 물리학**은 우주 공간에 있는 별과 다른 물체에 관한 학문이에요.
물리학의 법칙과 이론으로 어떻게 우리 우주를 설명할 수 있는지를 밝히지요.
공전 궤도, 밀물과 썰물, 계절, 우주여행까지 이 학문에 모두 포함돼요.
자, 이제 안전벨트를 매고 이 세상 밖 우주로 여행을 떠나 봐요.

# 폭발로 시작된 우주

우주 자체를 창조한 거대한 폭발, 빅뱅으로 모든 것이 시작되었어요.
거기서부터 에너지, 물질, 별, 행성, 그리고 우리가 알고 있는 세상이 마침내 생겨났지요.

##  빅뱅의 순간

138억 년 전, 찰나의 순간 우주가 창조됐답니다. 이것을 우리는 **빅뱅**이라고 해요. 시공간이 갑작스럽게 나타나 믿을 수 없을 정도로 급속하게 팽창했어요. 아주 작은 한 점이 폭발해서 그 뒤로 계속해서 팽창하고 있지요. 빅뱅의 순간에 우리 우주에 있는 모든 에너지와 물질이 창조됐어요.

##  우주의 연대표

태초에 우주는 밀도가 엄청나게 높고 너무너무 뜨거웠어요.

1초도 채 되지 않아서 우주는 작디작은 점에서 도시의 크기보다 더 커졌어요. 그 뒤에는 좀 더 느리게 팽창을 계속해 나갔어요.

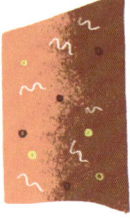

폭발의 에너지가 **물질**을 창조했어요.

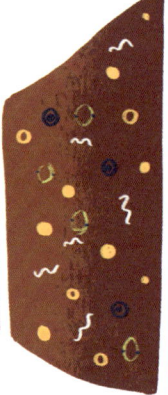

중성자와 양성자가 결합하기 시작했어요. 우주는 여전히 너무 뜨거워서 원자가 존재할 수 없었지만 원자 구성 성분의 일부가 거기에 있었어요.

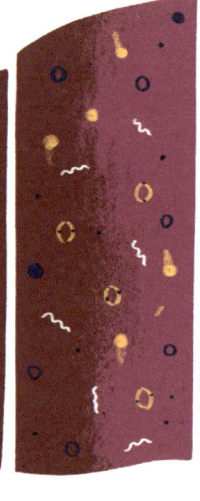

38만 년 뒤, 우주는 **원자**가 만들어질 정도로 충분히 식었어요. 양성자와 중성자가 전자와 결합하게 되었어요. 우주는 소용돌이치는 가스 구름이 되었답니다.

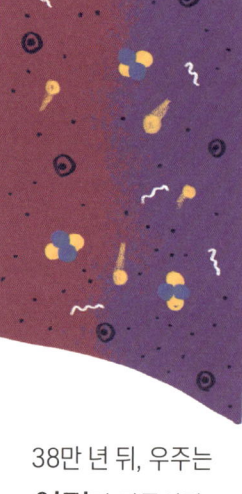

약 1억 년에서 1억 5천만 년 뒤, 첫 번째 **별**이 만들어졌어요. 특별히 밀도가 높은 영역에서 중력이 가스를 잡아당겼어요.

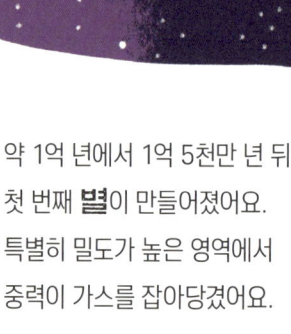

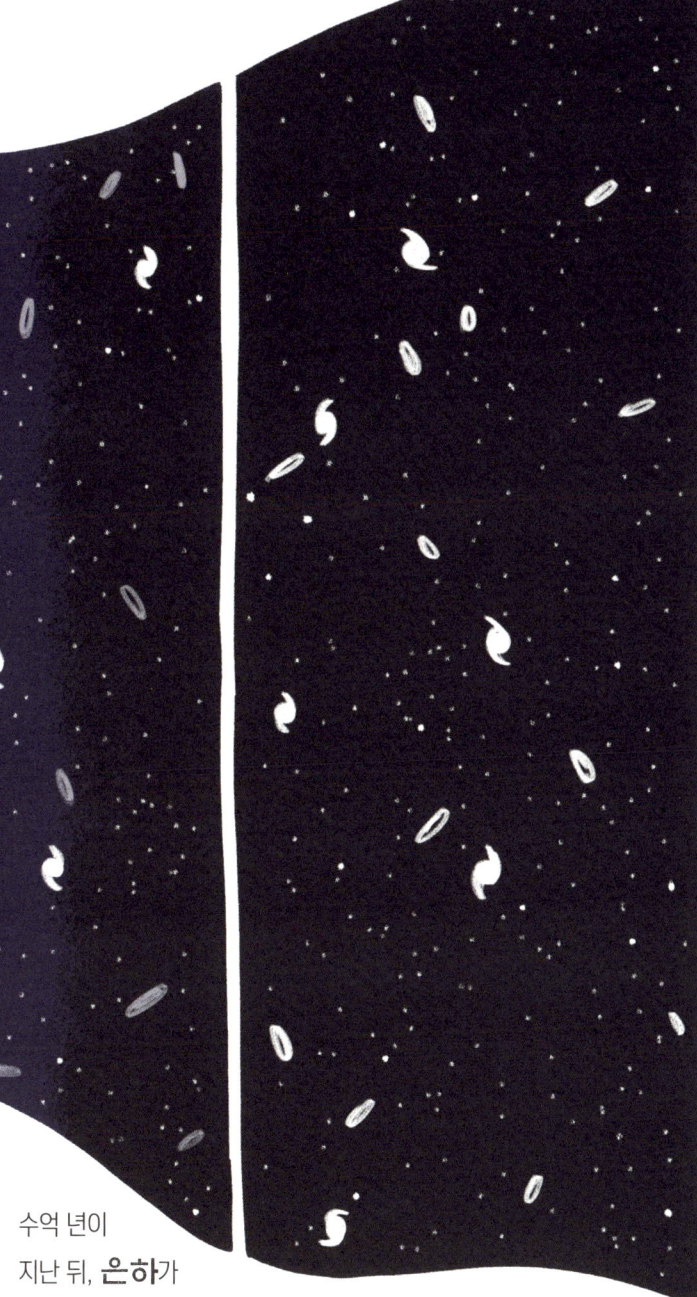

수억 년이 지난 뒤, **은하**가 만들어졌어요. 중력이 별들이 모인 여러 집단을 회전하는 성단으로 끌어당겼어.

오늘날 우주에는 별, 은하, 행성, 위성, 그리고 우리 같은 생명체가 존재하고 있어요. 우주는 여전히 팽창하고 있고, 팽창을 멈추지 않을 것 같아요.

## 르메트르와 허블

빅뱅을 처음 이야기한 사람은 벨기에 천문학자인 조르주 르메트르(Georges Lemaître)였어요. 1927년 르메트르는 우주가 팽창하고 있다고 말했어요. 4년 뒤에도 계속해서 그는 '우주의 알'이라고 부르는 아주 작은 점에서부터 우주가 시작했다고 말했지요. 1929년에는 미국의 천문학자 에드윈 허블(Edwin Hubble)이 은하가 서로 멀어져 가고 있음을 발견했어요. 이 발견은 르메트르의 팽창 이론을 뒷받침해 주었어요. 이런 생각에 대한 수많은 반대가 있었지만, 수십 년 뒤에 결국 이들의 이론이 맞다는 것이 증명되었답니다.

## 빅뱅 이론의 증거

빅뱅으로부터 나온 복사(물체가 방출하는 에너지)가 오늘날 우리 우주에 여전히 남아 있어요. 특수 망원경으로 과학자들은 이러한 우주마이크로파배경복사를 볼 수 있어요. 이 복사는 뜨거웠다가 식고, 아주 작았다가 거대해지는 우주의 여정에 대한 더 많은 증거가 되고 있어요.

### 그냥 궁금해요

우주의 시작이라는 사건을 '빅뱅'이라고 이름 붙인 건 재미있게도 빅뱅 이론을 반대하던 사람이었어요. 1949년에 천문학자 프레드 호일(Fred Hoyle)은 "이 빅뱅 개념이 나는 별로 탐탁지 않아요."라고 말했어요. 그리고 이 이름이 그대로 굳어졌답니다.

# 우주에서 우리의 위치

태양계는 중심에 있는 별인 태양과 그 주위를 도는 행성들과 다른 천체의 집합이에요.
태양계는 수십억 년 동안 존재해 왔어요.

 ## 태양계의 탄생

태양계는 약 46억 년 전 가스와 먼지구름에서 형성되기 시작했어요. 중력이 가스와 먼지를 같이 별 안으로 끌어당겨 조밀한 핵을 만들었지요. 기체 상태의 원자들이 서로를 더 가까이 끌어당기면서 수소 원자핵들이 함께 뭉개져 **융합**할 때까지 온도와 압력이 높아졌어요. 이 과정에서 헬륨이 만들어졌어요. 오늘날 태양에서는 이 과정이 반복해서 일어나고 있어요. 이로써 엄청난 에너지를 방출하고 뜨거운 상태를 이어가고 있지요.

천만 년 넘는 세월 동안 이 별은 우리 태양이 되었답니다. 태양으로 끌어당겨지지 않는 물질은 중력으로 함께 뭉쳐져 행성이나 소행성, 혜성이 되었어요.

 ## 태양의 인력

태양은 태양계에서 가장 큰 천체예요. 태양은 태양을 향하는 다른 모든 천체를 끌어당길 만큼 강한 중력을 가지고 있어요. 다른 천체들은 각자 자신의 거리만큼 떨어져서 태양 주위를 **공전**하고 있답니다.

## 태양계의 행성

행성들은 태양 주위를 공전하지만, 자신만의 **중력**도 가지고 있어요. 이것으로 행성은 구 모양을 유지하고 있는 것이지요. 또 중력은 달과 같은 행성 주위의 물체를 끌어당겨 행성 주위를 공전하도록 해요.

태양계에는 여덟 개의 행성이 있어요. 태양 가까이에는 네 개의 행성인 수성, 금성, 지구, 화성이 있어요. 주로 암석과 금속으로 이루어져 있어서 **암석 행성**이라고 부르지요. 이들은 태양과 멀리 떨어진 외행성보다 밀도가 높답니다.

외행성은 밀도가 낮고 훨씬 커요. 이들은 작은 암석으로 이루어진 중심부와 주위에 있는 기체와 액체로 주로 이루어져 있어요. 네 개의 외행성인 목성, 토성, 천왕성, 해왕성을 **기체 행성**이라고 불러요. 특별히 목성과 토성은 **거대 기체 행성**이라고도 불러요. 천왕성과 해왕성은 태양으로부터 가장 멀리 떨어져 있는 행성이에요. 이들을 차가운 **거대 얼음 행성**이라고 해요

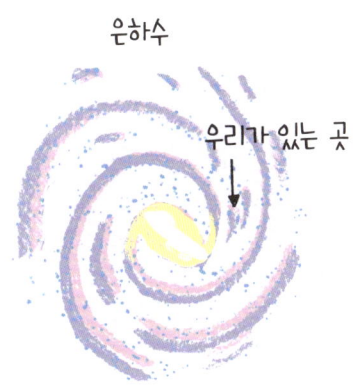

## 은하 탐색

우주는 수십억 개 혹은 수조 개의 은하로 가득 차 있어요. 각각의 은하는 중력으로 함께 유지하고 있는 별들의 집합이에요. 우리 태양계는 **은하수** (또는 우리 은하)라는 은하계에 있고, 은하수는 **나선 은하**예요. 엄청나게 무거운 블랙홀이 있는 은하의 중심 핵 주위로 모든 별과 행성, 먼지가 소용돌이 모양으로 돌고 있어요. 우리 태양계가 완전히 한 바퀴를 도는 데 걸리는 시간은 약 2억 5천만 년이랍니다.

# 밝게 불타는 별

청명한 밤에 하늘을 바라보면 하늘 가득 반짝이는 별들을 볼 수 있어요. 우주에는 나이도 다르고 형태도 다른 여러 종류의 별들이 가득 차 있지요.

## ⭐ 별이 뭔가요?

별은 뜨거운 가스로 이루어진 거대한 공 모양의 천체예요. 주로 헬륨과 수소로 이루어져 있고, 중력 때문에 서로 뭉쳐서 형태를 유지하고 있어요. 태양도 별이랍니다. 태양처럼 다른 별들도 **핵융합** 과정을 통해 타오르며 빛나고 있어요. 이 과정에서 엄청난 양의 열과 빛 에너지가 방출되지요.

## ⭐ 별의 탄생

대부분의 별은 **성운**이라고 부르는 조밀한 가스와 먼지구름 내부에서 태어나요. 무언가가 성운의 안정 상태를 흔들면, 중력 때문에 안쪽으로 붕괴하며 모이게 돼요. 먼지구름 안의 여러 영역에서 이렇게 물질을 잡아당기면, 성운이 이들 영역 주위로 붕괴하며 모이는 거예요. 이렇게 붕괴하면서 모이는 영역 하나하나가 공 모양으로 만들어지며 계속 수축하고 가열된답니다. 중심부 온도가 1,000만 도 정도에 다다르면 핵융합이 일어나고, 별 한 개가 생겨나게 돼요.

**주계열성:** 우주에 있는 대부분 별들은 주계열성이에요. 주계열성은 수소가 헬륨으로 변하면서 에너지를 방출하는 별을 뜻해요. 태양도 주계열성이에요. 어떤 주계열성은 다른 주계열성보다 훨씬 크고, 더 밝고, 더 뜨거워요. 이 별들은 완벽한 힘의 균형으로 모양을 잘 유지해요. 중력은 안으로 잡아당기지만 핵융합으로 만들어진 힘은 밖으로 밀어내기 때문이에요.

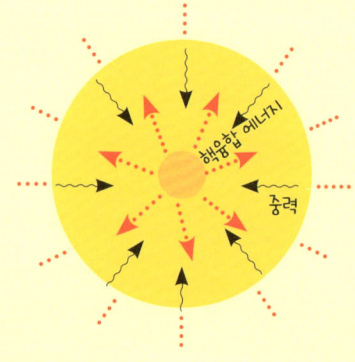

주계열성

**적색 거성:** 태양과 비슷한 질량을 가지는 별이 중심부에 있는 수소를 다 소모하면 적색 거성이 돼요. 이 별들은 전처럼 열에너지를 충분히 만들어 내지 못하기 때문에 주계열성보다 더 차가워져서 붉은색을 띠게 된답니다.

**백색 왜성:** 적색 거성은 결국 핵융합을 멈추어요. 중심부가 붕괴하여 뭉쳐져서 별은 아주 작고, 뜨겁고, 조밀한 점으로 남아 희미하게 빛나요. 그렇게 수십억 년 동안 유지되지요.

**초거성:** 초거성은 우주에서 가장 큰 형태의 별이에요. 초거성은 가지고 있는 수소를 빠르게 태워 없애서 태양보다 백만 배 더 많은 에너지를 방출할 수 있어요. 이 종류의 별들은 수명이 단지 백만 년 정도로 짧아요.

**초신성:** 조용히 수축하여 백색 왜성이 되는 적색 거성과는 달리, 초신성은 연료를 다 소모하면 폭발해요! 별의 중심부가 갑자기 붕괴하여 뭉쳐지면서 엄청나게 뜨거워져요. 이 과정에서 폭발이 일어나 별의 바깥층들을 우주 공간으로 날려 버려요. 남은 안쪽 중심부는 작은 중성자별이나 블랙홀이 돼요.

##  별은 왜 반짝이나요?

별들은 밖으로 뻗어가는 광선을 방출해요. 별들은 너무 멀리 있어서 지구에 도달하는 광선은 매우 가늘어요. 이 광선이 움직이는 공기로 가득 찬 지구 대기층을 때리면 굴절해요. 실제로 별은 반짝이지 않지만 이 현상 때문에 반짝이는 것처럼 보이지요. 행성들은 지구에 훨씬 가까이 있어서 거기서 나오는 빛은 더 일정해요. 그래서 밤하늘에 반짝이지 않는 점으로부터 행성을 찾을 수 있어요.

# 태양이 하는 일

태양이 없으면 우리 태양계는 존재하지 못해요. 태양은 다른 행성들 모두가 제자리를 유지하게 해 주고, 지구의 생명체가 살아가기에 딱 맞는 바로 그 온도로 지구를 데워 준답니다.

## 태양이 뭔가요?

태양은 주계열성이에요. **핵융합** 과정으로 계속해서 불타고 있지요. 뜨겁고 빛나는 가스로 이루어져 있으며 회전하는 공 형태를 가지고 있어요. 핵융합 과정을 통해 열과 빛의 형태로 에너지가 나와요. 태양 에너지는 우리 태양계에 속한 여덟 개 행성 모두에게 도달해요. 하지만 태양 에너지가 외행성들에 도달할 때는 이미 많이 약해져서 외행성은 내행성 네 개보다 더 춥고 어두워요. 방출된 햇빛은 가시광선, 적외선(열로 경험하는), 자외선(UV)을 포함하여 여러 형태의 전자기 **복사**의 혼합체로 되어 있어요. 지구 대기층은 대부분의 유해한 방사능에서 우리를 보호해 준답니다(선크림도 비슷한 역할을 해요!).

### 그냥 궁금해요

태양 중심부의 온도는 대략 1,500만 도 정도예요. 태양의 표면 온도도 다이아몬드를 끓게 할 만큼 뜨겁지요.

##  태양으로부터 오는 힘

태양은 단연코 태양계에서 가장 큰 천체예요. 태양이 전체 태양계의 질량 99퍼센트 이상을 차지하지요. 태양은 그 안에 수백만 개의 지구를 집어넣을 만큼 큰 거예요. 너무 무거워서 태양의 중력은 극단적으로 강해요. 태양의 **중력**은 태양을 공 모양으로 유지하고, 태양계의 모든 다른 천체를 잡아당겨 태양 주위를 공전하게 해요. 태양계에 속한 여덟 개의 행성, 적어도 다섯 개의 왜행성(소행성보다는 행성에 가까운 중간적 지위의 천체), 수천 개의 소행성, 수조 개의 혜성과 얼음 조각 등 모두에게 그 중력이 작용한답니다.

태양은 **자기력**도 만들어 내요. 태양 내부에 흐르는 전류가 자기장을 생성하지요. 이 자기장은 태양풍에 실려 태양계로 전파돼요. 태양풍은 태양으로부터 모든 방향으로 불어 나오는 전하를 띤 기체 입자들의 흐름이에요. 우주 공간을 엄청나게 빠르게 이동하지요. 다행히도 지구는 자신이 만든 자기장으로 스스로를 둘러싸고 있어요. 이 때문에 태양풍은 방향을 바꾸어 우리 행성에서 멀어지게 된답니다.

*태양은 자석이에요!*

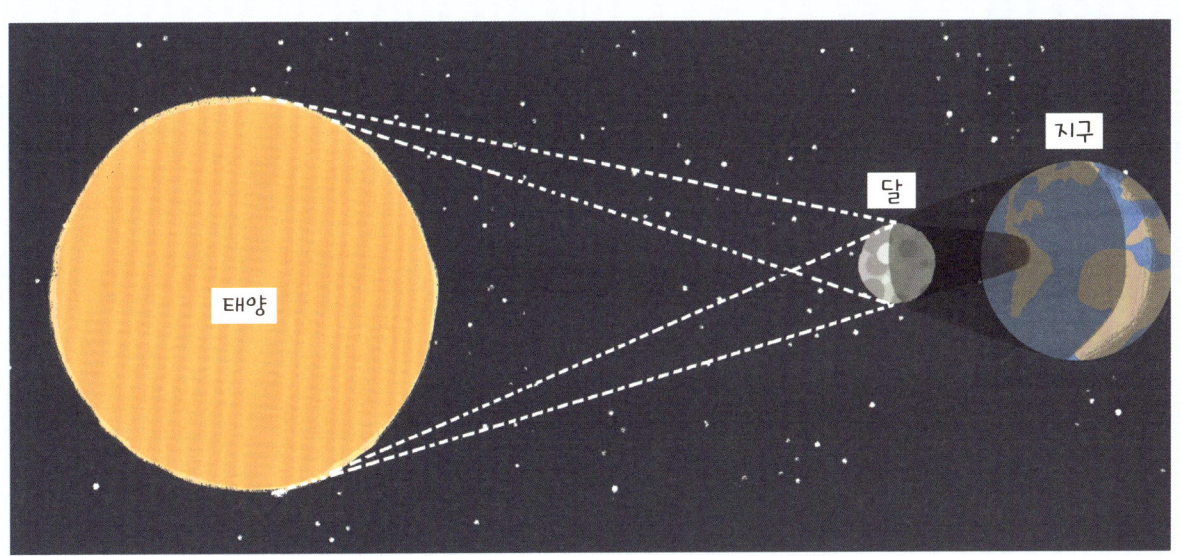

##  일식

지구는 태양 주위를 공전해요. 그러는 동안 달은 지구 주위를 공전하지요. 종종 달이 지구와 태양 사이로 들어가면 달이 태양 빛을 막을 수 있어요. 그렇게 되면 지구의 일부분이 그림자로 덮이지요. 이 현상을 **일식**이라고 해요. 지구가 그림자로 완전히 덮이는 일식을 개기 일식이라고 하는데, 이때 **코로나**라고 부르는 태양의 바깥층이 그림자 밖으로 빛을 내는 것을 볼 수 있어요. 하지만 **주의**해요! 태양은 너무 밝아서 우리 눈을 손상시킬 수 있어요. 절대로 태양이나 일식을 바로 보면 안 돼요!

# 우리의 고향 행성인 지구

암석 행성인 지구는 태양에서 약 1억 5천만 킬로미터 떨어져 있는 세 번째로 가까운 행성이에요.
지금까지는 생명체가 살고 있다고 알려진 유일한 행성이랍니다.

## 지구가 뭔가요?

지구는 약 46억 년 전 태양계와 함께 형성되었어요. 가스와 먼지가 중력 때문에 한데 모여 공 모양이 만들어졌지요. 조밀한 물질이 **핵**에 모여서 서로 단단히 뭉쳤고, 뜨겁고 단단한 공 형태를 만들었어요. 지구의 내핵은 태양 표면의 온도와 거의 같아요. 더 가벼운 물질은 바깥쪽의 암석 **지각**을 만들었어요. **맨틀**이라고 불리는 지각과 핵 사이의 두꺼운 층은 반유체의 뜨거운 마그마로 이루어져 있답니다.

### 그냥 궁금해요

전체 우주에서 우리가 아는 모든 생명체는 지구 주위의 얇은 암석 지각에서만 살고 있어요.

## 자전하고 있어요

지구는 북극과 남극을 관통하는 가상의 선인 **지축**을 중심으로 자전해요. 한 바퀴 도는 데 24시간이 걸리지요. 이것을 **1일**이라고 해요. 지구가 자전하면서 낮과 밤이 생겨나요. 태양을 바라보는 면은 햇빛을 받아 낮이 되고, 태양으로부터 반대로 돌아간 쪽은 밤이 되는 것이지요.

## 공전하고 있어요

지구는 지축(자전축)을 중심으로 자전하면서도 태양 주위를 **공전**하며 우주 공간을 여행한답니다. 365일이면 태양 주위를 한 바퀴 도는 여정이 끝나요. 이것을 **1년**이라고 해요.

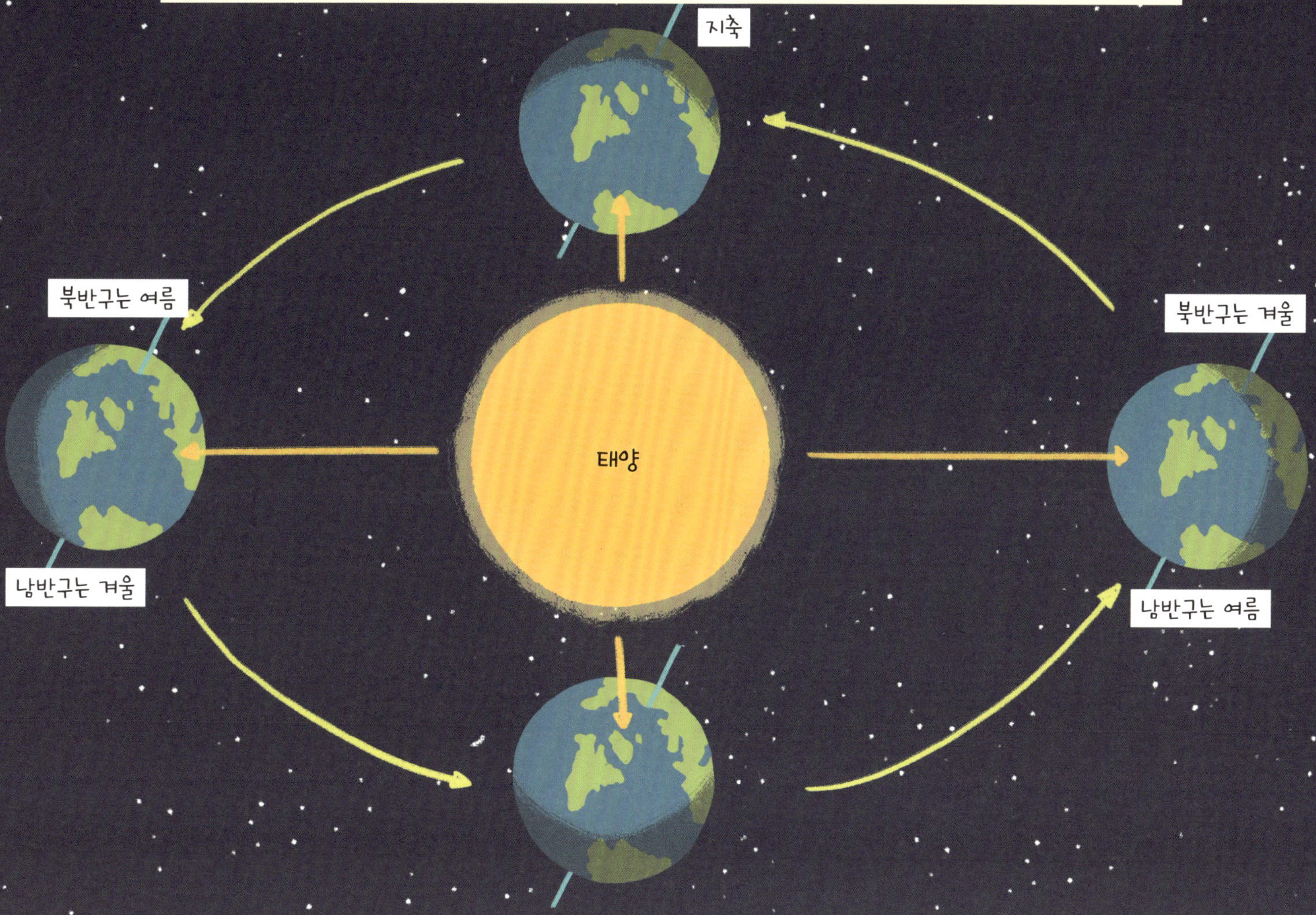

지축

북반구는 여름

북반구는 겨울

태양

남반구는 겨울

남반구는 여름

 ## 계절이 있어요

지축은 일정한 각도로 기울어져 있어요. 이 때문에 **계절**이 생겨나요. 지구가 공전 궤도를 따라 돌면서 서로 다른 지역이 매일 일정 시간 정도 태양과 마주하게 돼요. 지구의 가운데를 둘러싸는 눈에 보이지 않는 선을 **적도**라고 해요. 적도 위를 **북반구**, 적도 아래를 **남반구**라고 부르지요. 한쪽 반구가 태양을 향해 기울어져 있을 때는 더 많은 태양 빛과 열을 받게 되는데, 그때가 바로 여름이에요. 지구가 태양 주위를 반 바퀴 돌아 그 반구가 태양에서 멀어진 쪽으로 기울어져 있을 때는 더 적은 열에너지를 받아 겨울이 되는 거고요. 지구가 이 두 위치 사이를 지날 때는 봄 또는 가을이 된답니다.

기울어진 각도 때문에 적도 부근 영역은 1년 내내 태양으로부터 같은 세기의 에너지를 받아요. 그래서 그곳에는 사계절의 변화가 일어나지 않는답니다.

# 달이 주는 영향

달과 지구는 밀접하게 연결되어 있어요.
달과 지구는 서로 중력으로 잡아당기면서 영향을 미친답니다.

## 달이 뭔가요?

**달**은 지구 주위를 도는 암석 위성이에요. 천문학자들은 45억 년 전 화성 크기만 한 행성이 지구와 충돌하면서 형성되었다고 믿고 있어요. 충돌로 생긴 파편들은 지구 중력장 내에 붙잡힌 채로 서로를 끌어당겨 공 형태로 모이게 되었어요. 수백만 년에 걸쳐 밀도가 높은 물질은 달의 중심에 모였고, 밀도가 낮은 물질들은 달 표면을 구성했어요. 지금은 달도 지구처럼 뜨거운 금속 핵과 단단한 암석으로 이루어진 지각으로 구성되어 있답니다.

*달이 지구의 모습에 영향을 줘요*

## 만조와 간조

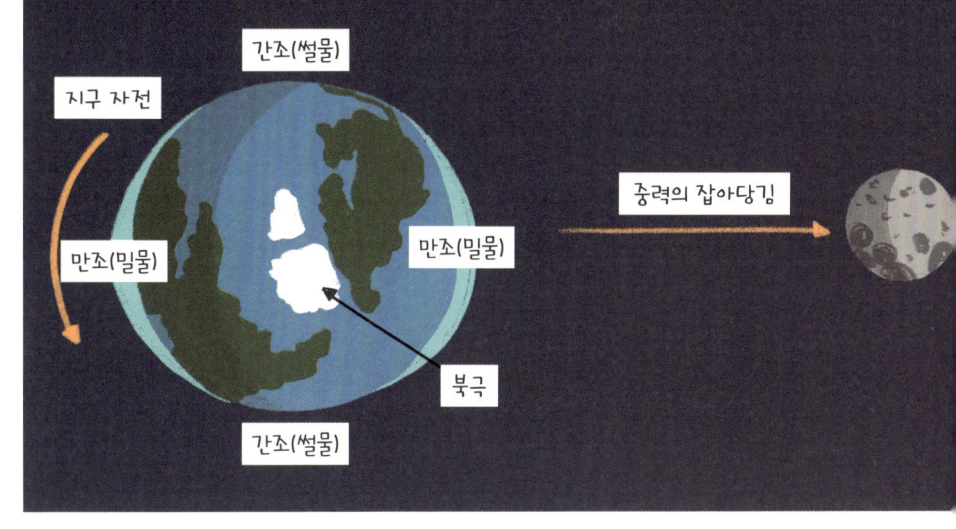

달의 중력은 지구에 **조석력**(해수면 높이를 변하게 하는 힘)을 만들어요. 지구가 한 점에 모여 있는 게 아니라 부피를 가진 공 모양이기 때문에, 달로부터 거리가 가깝거나 또는 먼 지구 지표면에 작용하는 달의 중력도 달라져요. 달의 중력은 달에서 가장 가까운 지구 표면에 가장 크게 작용하기 때문에 이곳 바닷물을 달 쪽으로 더 잡아당겨요. 한편 달에서 가장 먼 반대편 지구 표면에서는 달의 중력이 작아요. 그곳의 바닷물은 달 쪽으로 덜 당겨져서 오히려 멀어지는 방향으로 밀려나지요. 이렇게 해서 두 부분의 해수면이 높아지는 것을 **만조**(밀물)라고 해요. 달에서 수직 방향에 있는 지구 표면에서는 달의 중력이 지구 안쪽으로 잡아당기게 되어 바닷물이 아래로 눌러진답니다. 이렇게 해서 해수면이 낮아지는 것을 **간조**(썰물)라고 해요. 지구가 달을 옆에 두고 하루에 한 바퀴 도는 자전을 하기 때문에 대부분 해안가에서는 해수면이 높아졌다(만조) 낮아졌다(간조)가 매일 두 번씩 일어나요.

태양도 지구에 조석력을 만들지만, 달에 비해 너무 멀리 있어서 영향이 그리 크지 않아요. 하지만, 태양과 달, 지구가 모두 일렬로 늘어설 때(보름달이나 초승달이 뜰 때-다음 페이지 참조) 조석력이 가장 커져서 해수면이 가장 높아진 만조가 돼요.

## 달이 균형을 잡아요

회전하는 팽이가 흔들리듯이 지구도 지축을 중심으로 자전하면서 약간씩 흔들려요. 바로 이럴 때 달의 중력이 지구의 회전 궤도를 더 안정적으로 유지시키는 데 도움을 줘요. 달의 중력이 없다면, 회전축에서 훨씬 더 큰 범위로 앞뒤로 움직이게 될 거예요. 그러면 기후와 기상이 훨씬 더 극단적이게 되지요. 우리의 매일과 계절도 지금과는 전혀 같지 않을 거고요. 만약 달이 사라진다면, 밀물과 함께 바다에서 들어와 썰물일 때 알을 낳아 안전하게 지키는 바다 생물에게도 영향을 줄 거예요. 달이 없어도 우리 세상은 여전히 존재하겠지만 지금과는 전혀 다른 세상이 될 거예요.

## 달 착륙

달은 지구를 제외하고 우주에서 우리 인류가 발을 디딘 유일한 장소랍니다. 1969년 인간은 처음으로 달에 발을 내디뎠어요. 또 달의 샘플을 채취하고 사진을 찍기 위해서 100개 이상의 로봇 우주선을 달에 쏘아 보냈지요. 인류는 앞으로 달에 영구히 정착할 수 있기를 희망하고 있어요.

# 모양이 변하는 달

달은 밤마다 모양이 변해요. 수천 년 동안 이 순환 주기는 인간을 인도하는 시간의 기준이 되었어요. 물론 여기서 무슨 일이 일어나는지 설명하는 것은 바로 물리학이에요.

## 달의 공전은 한 달

달은 지구에 속한 유일한 자연 위성이에요. 지구 주위를 공전하는 유일한 자연 천체이지요. 달이 지구 주위를 한 바퀴 도는 데 걸리는 시간은 27일이에요. 그러나 우리 역시 같이 움직이고 있기 때문에 우리의 관점에서 보면 약 29일이에요. 바로 **음력 한 달**이에요.

## 달의 모양 변화

달은 스스로 빛을 내지 않아요. 태양 빛을 **반사**하지요. 달도 지구처럼 자신의 축을 중심으로 자전하기 때문에 시간에 따라 태양을 마주하는 면이 달라져요. 지구와 마주하는 달의 면이 온전히 태양 빛을 받으면 우리에게 **보름달**로 보여요. 지구와 마주하는 면의 절반만 빛을 받으면 **반달**로 보이고요. 만약 지구를 향하는 면이 태양 빛을 전혀 받지 못하면 우리는 달을 볼 수 없답니다.

### 그냥 궁금해요

달은 지구 주위를 한 번 공전하는 동안 자신의 축을 중심으로 정확히 한 번 자전해요. 그렇기 때문에 지구에 가까운 달의 한쪽 면만이 항상 우리 쪽을 향하고 있는 거예요. 그러다가 우주여행을 할 수 있게 되면서 지구에서 먼, 달의 다른 쪽 면도 처음 볼 수 있게 되었어요.

## 월식

일식이 일어나는것처럼 **월식**도 일어나요. 달, 지구, 태양이 일렬로 늘어서면서 달이 지구의 그림자를 지날 때 일어나지요. **개기 월식** 동안에는 달이 지구의 그림자 안으로 완전히 들어가기 때문에 인상적인 붉은 색조의 달을 볼 수 있어요. 파장이 짧은 푸른 태양 빛은 지구 대기층에 부딪힐 때 밖으로 반사되어 나가는 반면, 붉은색을 띤 긴 파장의 빛은 지구의 그림자 안으로 굴절해 들어가게 돼요. 그래서 지구의 일몰 때와 비슷하게, 바로 이 붉은빛이 달에 부딪혀 붉게 보이게 돼요.

 ## 왜 우주 비행사는 달에서 높이 뛰어오를 수 있을까요?

지구는 달보다 더 많은 질량을 가지고 있고, 더 커요. 어떤 물체의 질량이 클수록 그 물체가 가지는 중력도 더 큽니다. 만약 여러분이 지구에서 뛰어오르면 지구의 중력은 달 위에서 달의 중력이 작용하는 것보다 더 큰 힘으로 여러분을 끌어당겨요. 달의 중력은 지구의 중력보다 6배나 작아서 달에서 여러분의 몸무게는 지구에서의 6분의 1 정도밖에 되지 않아요. 고양이 무게만큼만 나가게 되는 것이지요.

# 눈에 보이지 않는 블랙홀

우주는 신비로운 것들로 가득 차 있어요. 무엇보다 가장 신기한 것은 실제로 눈에 보이지 않는 블랙홀일 거예요. 블랙홀의 존재는 그 주위에 있는 별이나 먼지 같은 다른 것들과의 반응을 통해서만 알 수 있답니다.

## 블랙홀이 뭔가요?

블랙홀은 중력장이 너무 강해서 아무것도 빠져나올 수 없는 우주 공간의 한 영역이에요. 심지어 빛조차도 빠져나오지 못하지요. 많은 블랙홀은 커다란 별이 연료를 다 소모하고 죽을 때 형성돼요. 별은 스스로 매우 작은 공간으로 붕괴하며 뭉쳐져요. 그리고 이는 엄청나게 강한 중력을 가진 극단적으로 밀도가 높은 물질로 남는답니다. 이렇게 형성된 블랙홀을 **항성 블랙홀**이라고 해요. 이 블랙홀들은 우주 전체에 흩어져 있어요.

**초대질량 블랙홀**은 모든 은하계의 가운데에서 발견되는 종류예요. 과학자들도 이 블랙홀이 어떻게 형성되었는지는 확실히 몰라요. 아주 거대하다는 것만 알 뿐이지요. 이들은 태양 백만 개를 모은 것보다도 더 큰 질량을 가지고 있어요. 우리가 속한 우리 은하는 우리 태양의 4백만 배나 더 큰 질량을 가진 블랙홀 주위를 돌고 있답니다.

### ? 그냥 궁금해요

가까운 곳에 블랙홀이 없기 때문에 지구가 블랙홀로 빨려 가는 일은 일어나지 않을 거예요. 또한 우리 태양도 충분히 크지 않아서 절대로 블랙홀이 되지는 않을 거랍니다.

## 🔵 귀환 불능 지점

이 지점은 정말로 이상한 일이 벌어지는 곳이에요. 어떤 물질이 블랙홀의 중력에 당겨져서 블랙홀을 향해 다가가면 중력이 점점 더 강해져서 속력이 빨라져요. 폭포를 향해 흘러가는 강물을 생각해 봐요. 절벽과 아주 멀리 있을 때는 천천히 흐르기 때문에 그곳을 수영하는 사람이 있다 해도 빠져나올 수 있어요. 하지만 폭포 끝에 다가갈수록 물이 점점 더 빨리 흘러서 그곳에서는 사람이든 사물이든 어떤 것도 빠져나올 수 없게 돼요. 결국 물은 모든 것을 끌고 경계를 넘어 폭포 아래로 떨어지지요.

이처럼 블랙홀 때문에 생기는 귀환 불능 지점을 **사건의 지평선**이라고 불러요. 이 지점에서 물질은 우주에서 가장 빠른 **빛의 속력**으로 움직여요. 빛조차도 빠져나올 수 없다는 걸 의미하지요. 그래서 이 구멍(홀)을 '검다(블랙)'라고 부르는 거예요.

## 🔵 보이지 않는 것을 보기

블랙홀이 검고 어둡다면, 어떻게 볼 수 있을까요? 과학자들은 사건의 지평선 근처에 있는 물질을 관찰해서 블랙홀이 존재한다는 것을 알아요. 별, 가스, 먼지뿐만 아니라 시공간 그 자체도 뒤틀리고 왜곡되지요. 또 이것들이 블랙홀로 끌려가면 매우 뜨거워져요. 초강력 망원경으로 그 열을 검출해 내지요. 빛은 중력에 잡혀 휘어져요. 과학자들은 이 모든 것들이 어떻게 일어나는지 관찰해요. 신비롭고 눈에 보이지 않는 현상을 이해하려고 노력하는 것이랍니다.

# 우주 탐사

우리는 우주여행과 탐사 경주를 이제 시작했어요. 탐사선은 점점 더 멀리까지 가고 있고, 과학자들은 이제 사람들도 더 먼 우주까지 보낼 수 있길 바라고 있어요.

##  첫 번째 인공위성

인간이 만든 첫 번째 인공위성이 1957년에 우주를 향해 발사됐어요. 러시아가 만든 인공위성 스푸트니크 1호였지요. 위성은 지구 주위를 공전하는 모든 것을 뜻해요. 스푸트니크 1호는 지구를 22일 동안 돌면서 우주 공간과 지구의 대기 상층부에 관한 정보와 관찰 자료를 담은 무선 신호를 지상으로 보내 주었어요.

이 스푸트니크 1호는 로켓에 실려 우주로 발사된 거였어요. 이 로켓을 쏘기 위해 **모든 작용은 크기는 같고 방향이 반대**인 반작용을 가진다는 물리학의 법칙을 사용했어요. 연료가 연소하며 일어난 폭발이 지면을 아래로 밀어 누르는 만큼 지면은 같은 크기의 힘으로 로켓을 위로 밀어 올려서 스푸트니크 1호를 우주 공간으로 보낸 거예요.

##  최초의 우주인들

최초의 우주인은 1961년 러시아 우주 비행사 **유리 가가린**(Yuri Gagarin)이었어요. 그는 단순한 우주선을 타고 지구를 돌며 108분 동안 우주 공간에 머물렀어요. 1965년 러시아 우주 비행사 **알렉세이 레오노프**(Alexei Leonov)는 우주선 밖으로 나가서 작업까지 하는 첫 번째 우주 유영을 했어요. 그는 **에어 락**이라고 부르는 여러 출입문을 거쳐서 우주로 나갈 수 있었지요. 우주선 내부 기압은 우주 공간의 기압과 매우 달라서 에어 락 출입문이 필요해요. 이 문이 외부를 차단해서 우주선 내부 기압을 유지해 주고, 우주 비행사가 숨 쉬는 데 필요한 공기가 우주 공간으로 갑자기 빠져나가는 것을 막아 주지요. 우주선 밖에 있을 때, 레오노프는 안전선으로 우주선에 묶여 있었어요. 덕분에 우주선으로 끌어당길 중력이 없어도 멀리 떠나가지 않았지요. 그는 우주 공간 밖에 약 10분 정도 머물렀답니다.

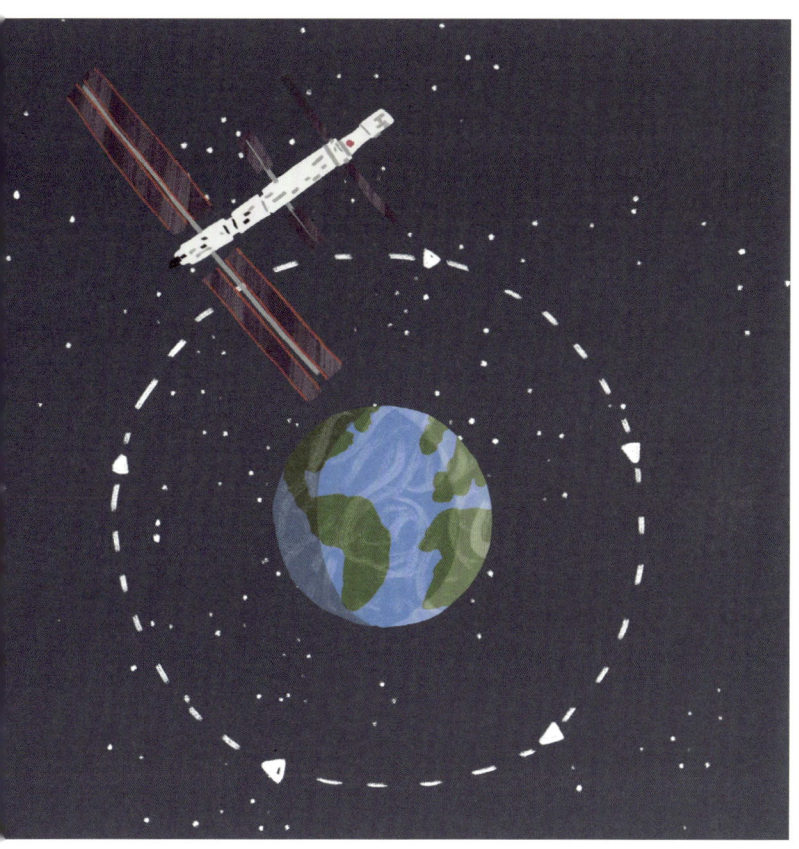

##  지구 궤도를 도는 우주선

우주선이 딱 맞는 속력으로 진행하며 지구 주위의 궤도로 들어가면 우리 지구 주위를 돌 수 있답니다. 우주선이 처음 지구를 떠날 때는 곡선으로 움직이며 올라가요. 우주선은 강력한 폭발을 이용해서 매우 빨리 움직일 수 있지만, 여전히 지구의 중력을 받고 있어요. 우주선이 **탈출 속도**라고 하는 40,000 km/h 보다 더 빨리 움직일 수 있으면 지구 중력을 벗어나서 우주 밖을 향해 직선으로 움직여 가요. 만약 우주선이 정확히 탈출 속도로 움직이면 **궤도**에 들어갈 거예요. 거기서 지구 주위를 곡선으로 돌기 시작하여 계속해서 같은 방식으로 돌아간답니다. 국제우주정거장(우주 비행사들이 우주에서 실험, 관측, 수리 등을 수행할 수 있게 만든 우주 비행체)도 바로 이 속력으로 지구를 공전하고 있지요.

##  탐사선의 여행

인간이 갈 수 있는 것보다 훨씬 더 멀리 있는 우주의 영역을 사진 찍고 관측하기 위해 사람이 탑승하지 않은 많은 우주선을 우주로 쏘아 보내기도 해요. 이런 로봇 탐험가를 **탐사선**이라고 부르지요. 예를 들어, 2015년 **뉴호라이즌**(New Horizons) 탐사선이 명왕성을 지나 날아가며 왜행성의 첫 번째 근접 사진을 보내 왔어요. 그 뒤로는 훨씬 더 멀리 갔지요. 탐사선이 간 가장 먼 천체인 카이퍼대(Kuiper Belt)에 있는 아로코트(Arrokoth)라는 천체예요. 그곳의 첫 번째 근접 사진도 보내 왔어요. 1977년에는 2개의 탐사선인 **보이저 1호**와 **보이저 2호**를 발사했어요. 2012년 보이저 1호는 우리 태양계를 벗어나 성간 공간으로 진입한 첫 번째 우주선이 되었답니다.

탐사선은 로봇 우주 탐험가예요!

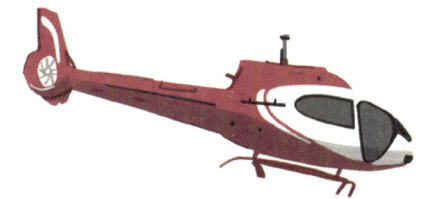

# 6장
## 응용 물리학
### 실용적으로 적용하는 물리학

여러분 주위를 둘러보세요. 다리, 고속 자동차, 고층 빌딩 등과 같이 우리 삶의 여러 부분을 차지하는 것들은 모두 물리학을 이용하고 있어요. 힘, 에너지, 원자, 시간, 공간에 대한 지식을 기반으로 한 물리학은 우리 세상을 건설했답니다.

**응용 물리학**은 실제 세계에서 물리학이 어떻게 적용되는지를 밝혀서 물리학을 실용적으로 적용하는 학문이에요. 다리는 어떻게 자동차 수백 대의 무게를 지탱할까요? 자동차는 어떻게 그렇게 빨리 달릴 수 있을까요? 비행기는 어떻게 중력을 거슬러 날 수 있을까요? 이 장에서는 이것들을 잘 해내기 위한 여러 질문에 답하고 실행하는 물리학을 보게 될 거예요. 아직 실현되지 않은 기술을 둘러보러 미래로 떠나 보기도 할 테고요. 물리학은 여러분이 사는 동안 여러분을 어디로 데려갈까요?

# 스포츠 속의 과학

달리고, 던지고, 공을 차는 활동들은 힘과 에너지를 이용해야 실제로 일어나요.
공 그 자체도 물리학에 따라 설계되어 있지요.

## 에너지가 변환돼요

스포츠를 할 때 우리는 몸에 저장된 **화학 에너지**를 이용해요. 화학 에너지는 **운동 에너지**로 변환되어 다리를 움직여 공을 찰 수 있지요. 이 에너지는 다리가 미는 힘을 통해 다시 공으로 이동해요. 공은 운동 에너지를 얻어 공중으로 날아올라요.

## 골프공과 난류

공이 공중으로 날아오르면 공기 저항을 받아 속력이 느려져요. 항력의 영향을 받는 거예요. 또 공은 자신의 운동 에너지를 빼앗는 공기주머니 형태의 **난류**를 만나기도 해요. 매끄러운 공이 날아가면 그 뒤쪽으로 넓은 영역의 난기류를 남기지요. 하지만 골프공은 고유의 디자인으로 되어 있어요. 골프공은 균일한 간격으로 작은 딤플(골프공 표면에 오목오목 팬 홈)을 만들어서 표면이 거칠어요. 딤플은 골프공 주위에 흐르는 공기가 공에 더 가까이 지나가도록 해서 공을 느리게 하는 항력을 줄여 줘요. 딤플 덕분에 골프공은 매끄러운 공에 비해 적어도 세 배 이상 멀리 날아갈 수 있지요!

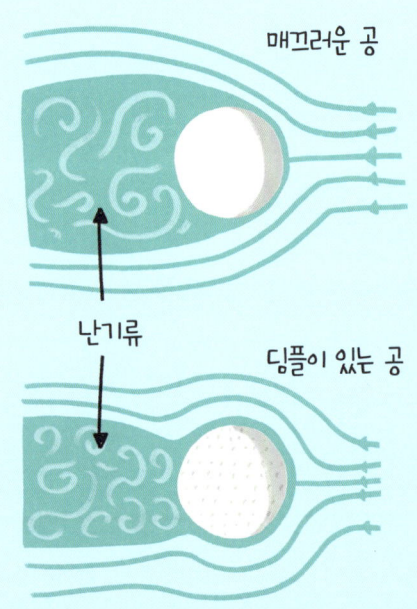

매끄러운 공

난기류

딤플이 있는 공

## 🏀 농구공과 농구 코트의 튕겨 내기

공이 땅을 때리면, **뉴턴의 운동 제3법칙**에 따라 땅이 같은 크기의 힘으로 공을 되밀어 올려요. 이렇게 해서 공이 튕겨 올라오는 거예요. 어떤 공은 다른 공보다 더 잘 튕겨요. 또 더 잘 튕겨 올리는 바닥면도 있어요.

공은 운동 에너지를 가지고 땅으로 내려와요. 공이 땅을 때리는 그 순간, 공은 **압축**되면서 **퍼텐셜 에너지**를 저장해요. 튕겨 다시 올라갈 때는 공이 계속 움직일 수 있도록 저장된 에너지가 운동 에너지로 되돌아가지요. 농구공은 외부가 단단하고 공기가 가득 들어 있어서 잘 압축되기 때문에 높이 튕겨 올라가요. 반면 물렁물렁한 공은 땅에 부딪혔을 때 찌그러들기 때문에 잘 튕겨 올라가지 못해요.

땅처럼 부드러운 바닥면도 튕겨 올리는 데는 그리 도움이 안 돼요. 공의 운동 에너지 대부분을 **흡수**하고 되돌려 주지 않거든요. 하지만 딱딱한 표면은 에너지를 많이 흡수하지 않아 공을 다시 높이 튕겨 올려요. 농구 선수들이 카펫 위가 아니라 나무로 된 실내 코트에서 경기하는 이유이지요!

*단단한 농구공은 잘 튕겨 올라요!*

## 🟠 트램펄린에서 튀어 오르기

트램펄린도 뉴턴의 운동 제3법칙으로 여러분이 튀어 오르게 해 줘요. 표면은 단단하지만 신축성이 있고, 용수철도 있어서 여러분이 표면으로 내려올 때 표면이 움직이게 해요. 트램펄린은 여러분의 운동 에너지를 별로 흡수하지 않을 뿐만 아니라 같은 크기의 힘으로 여러분을 되밀어 올려서 이전만큼 높이, 그보다 더 높이도 튕겨 오르게 한답니다!

# 여러 종류의 다리

다리는 사람, 자전거, 자동차, 기차가 한 곳에서 다른 곳으로 건너갈 수 있게 해 줘요.
다리가 처음 생겼을 때는 좁은 강에 가로질러 놓은 통나무처럼 단순했어요.
그 뒤로 다리는 놓이는 장소와 그 위를 건너가는 것들에 알맞게 점점 더 정교해졌답니다.

## 다리의 균형 잡기

다리를 설계할 때, **공학자**들은 다리가 똑바로 서 있을 수 있도록 **힘의 균형**을 맞추어 줘요. 협곡이나 호수같이 넓은 영역을 가로지르는 다리에는 다리를 떠받치는 것이 아무것도 없어요. **중력**이 다리를 아래로 잡아당기므로 중력과 균형을 맞추는 게 아무것도 없다면 다리는 무너질 거예요. 그래서 물체를 바깥으로 잡아당기거나 늘어뜨리려 하는 **인장력**과 안으로 눌리거나 찌그러지게 하는 **압축력**의 균형을 서로 맞춰야 하지요. 공학자들은 하중(다리 그 자체와 다리 위에 있는 모든 것)의 무게도 균형을 잡아 지지할 수 있는지를 확인해야 해요.

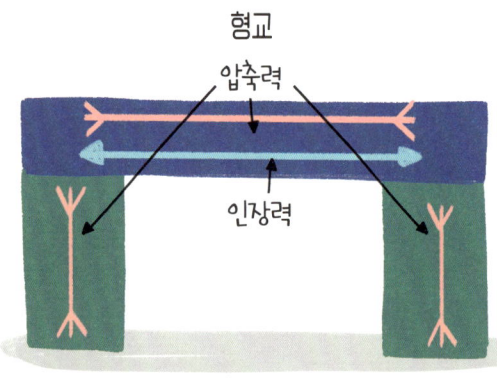

##  형교

가장 간단한 형태의 다리는 **형교**(거더교)에요. 원래의 통나무 다리와 비슷하지만, 더 높이 건설돼요. 튼튼하고 평평한 **상판**을 양쪽 끝에 서 있는 **교각**으로 지탱시키지요. 다리 상판 위에 어떤 물체가 올라가면 상판은 인장력과 압축력 때문에 아래로 휘어져요. 하중에 의해서 교각으로 전달된 압축력은 교각을 아래로 누르지요. 그래서 형교를 길게 만들면 중간 부분이 아래로 더 처지게 돼요. 그래서 보통 형교는 짧게 만들어요. 더 길게 만드는 오늘날 형교에는 추가로 기둥을 설치하기도 해요. 아래에서 하중을 떠받치도록 보강재를 반복해서 설치하는 것이지요.

## 아치교

**아치교**는 양쪽 끝에 넓은 지지대를 사용하고, 다리 상판 아래에 무지개 모양으로 볼록하게 구부러진 형태의 **아치**를 설치해서 하중을 분산시켜요. 하중에 따라 땅이 아래로 밀리면, 땅은 같은 힘으로 다리를 다시 밀어 올리기 때문에 다리가 똑바로 서 있을 수 있어요. 아치교는 형교보다 더 먼 거리에 길게 걸쳐 있을 수 있지만, 아래쪽에 빈 공간을 그리 넓게 두지 않아요.

아치교

### 그냥 궁금해요

압축력으로 아치가 아래로 눌리면 아치를 이루는 돌들도 서로서로 눌러요. 그래서 아치교는 시간이 지날수록 그만큼 더 강해져요.

현수교

## 현수교

훨씬 먼 거리에 걸쳐 다리를 놓아야 한다면 공학자들은 **현수교**를 건설해요. 현수교에는 아래에서 지지하는 교각이 있지만, **주탑**이라고 하는 위로 솟은 매우 높은 탑도 있어 위에서 다리를 함께 지탱하지요. 강철 **케이블**이 주탑과 주탑 사이를 연결하고, 여기에 더 많은 케이블을 수직으로 매달아 상판과 연결해서 하중을 위로 끌어당기며 지탱한답니다.

## 사장교

더 짧은 거리라면 조금 짧은 **사장교**를 건설해요. 사장교는 주탑이 한두 개만 있고, 케이블로 주탑과 상판을 직접 연결해서 지탱한답니다.

사장교

# 초고층 빌딩

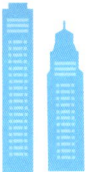

우리 위로 우뚝 치솟아 구름에 닿을 만큼 높은 초고층 건물들은 마치 중력을 거스르는 것 같아요.

## 하늘 높이 올라가는 빌딩

작은 장소에 더 많은 공간을 만들기 위해 사람들은 건물을 위로 높이 세우기 시작했어요. 하지만 그렇게 하려면 **중력**을 극복해야 해요. 장난감 블록으로 탑을 쌓아 올리는 걸 상상해 보세요. 더 높이 쌓을수록 맨 위에 새로운 블록을 균형 맞춰 놓기가 어려워져요. 아래에서 당기고 있는 지구의 중력 때문에 균형이 약간만 틀어져도 블록은 다 무너져 버리지요.

## 빌딩 무게 맞추기

더욱 높은 초고층 빌딩은 건물 전체를 지탱하는 아랫부분보다 윗부분 무게가 더 커질 수 있어서 건물이 안으로 무너질 수 있어요. 이를 막으려고 높은 빌딩은 위에 쌓이는 무게를 지탱하도록 아래쪽에 더 많은 무게를 가지고 있어요. 피라미드의 원리와도 같아요. 넓은 바닥으로 시작해서 한 층씩 위로 올라가면서 각 층은 바로 아래 있는 것보다는 점점 작아지지요. 각각의 층이 그 층 위에 있는 모든 층의 **총무게**를 지탱할 수 있다는 뜻이에요.

## 초고층 빌딩을 세우는 재료

오늘날 복잡한 도시에서는 거대하게 넓은 곳을 찾아서 건물을 짓기가 어려워요. 그래서 공학자들과 건축가들은 새로운 재료를 활용해 초고층 빌딩을 지어서 이 문제를 해결하려고 해요. 19세기부터는 철과 강철을 더 쉽게 얻을 수 있게 되었어요. 건축가들이 건설에 활용할 수 있는 새로운 건축 자재가 갑자기 등장한 것이지요. 이때부터 커다란 돌이나 벽돌 대신 길고 가늘면서 가벼운 **철근**을 엄청난 무게를 지탱하는 데 사용하기 시작했어요.

화려하고 멋진 초고층 빌딩 내부에는 **강철 골조**가 들어 있어요. 수평으로 빔을 놓아 층을 만들고, 층과 층 사이에 금속 기둥을 수직으로 세워 지탱해요. 높은 빌딩에는 추가로 더 지지할 수 있게 빔을 대각으로도 놓아요. 중력은 수직 기둥을 거쳐 바닥에 있는 지지 구조물을 아래로 누르게 되지요. 위에 있는 구조를 잘 떠받치기 위해 토대는 땅 깊은 곳의 기반암에 고정한답니다.

*빌딩 내부에는 강철 골조가 들어 있어요*

# 바람에도 안전한 빌딩

초고층 건물이 높을수록 **바람**의 영향을 더 많이 받게 돼요. 이러한 건물은 무너지지는 않지만 앞뒤로 흔들릴 수 있어요. 그러면 건물 안에 있는 사람들도 알아차릴 수 있지요. 사람들이 느낄 만큼 많이 흔들리지 않게 하기 위해 빔들이 교차하는 지점에 강철 골조를 단단히 연결해요. 특히 고층 빌딩에는 빌딩 중간 아래쪽에 추가 보강재를 설치하여 초강력 중심부를 만들어요. 바람뿐만 아니라, 지진 피해에도 견딜 수 있게 말이에요. 이것 외에도 초고층 건물에는 에너지를 분산하는 완화 장치와 충격 흡수 장치도 설치되어 있어요. 바람의 변화를 관리하는 새로운 기술과 컴퓨터 응용 프로그램도 계속 개발되고 있답니다.

# 빠르게 달리는 자동차

많은 사람들은 여러 곳을 돌아다니기 위해서, 또 쇼핑한 물건이나 짐을 나르는 일 등에 자동차를 이용해요. 하지만 자동차 경주 선수들처럼 속력을 느끼려고 차를 타는 사람들도 있어요.

##  속력과 속도

**속력**은 어떤 것이 한 지점에서 그다음 지점으로 얼마나 빨리 움직이는지를 나타내는 거예요. 물리학에서는 **속도**에 관해서도 이야기해요. 속도는 어떤 것이 **특정한 방향**으로 얼마나 빨리 움직이는지를 나타내요. 다른 방향으로 움직이는 자동차들은 같은 속력을 가질 수는 있지만 속도는 달라요.

속력은 상대적이에요. 여러분이 움직이지 않고 가만히 앉아 있다고 느낄 때조차도 지구는 자전하면서 동시에 태양 주위를 엄청난 속력으로 돌고 있어요. 그렇기 때문에 속력을 느끼는 것은 어려워요. 하지만 **가속도**는 훨씬 더 잘 알아차릴 수 있어요. 가속도는 속도에 일어나는 모든 **변화**예요. 한 방향으로 똑바로 움직이는 경우 속력의 변화에 해당해요. 자동차나 기차를 타고 갈 때 갑자기 멈출 때를 생각해 봐요. 여러분의 몸이 갑자기 앞으로 확 쏠리지요? 반대로 자동차가 속력을 갑자기 더 높이면, 여러분은 좌석 뒤로 확 밀려요. 또 자동차가 급하게 회전하면, 여러분은 바깥쪽으로 밀리는 걸 느끼게 돼요.

이 모두가 바로 **뉴턴의 운동 제1법칙** 때문이에요. 여러분 몸은 원래 움직이던 방향과 속력으로 계속 움직이려고 하지요. 이걸 **관성**이라고 한답니다.

뉴턴의 운동 제1법칙

유선형

## 관성력

자동차가 갑자기 멈추어도 여러분은 원래 움직이던 방향으로 계속 움직이려고 할 거예요. 하지만 안전벨트 덕분에 멈출 수 있지요. 또 차가 한쪽으로 갑자기 회전하면, 여러분 몸은 원래 움직이던 그 방향으로 그대로 움직이려고 하기 때문에 회전하는 반대 방향으로 밀려요. 이처럼 원래 움직임을 그대로 유지하려는 성질 때문에 느껴지는 힘을 **관성력**이라고 해요. 자동차 경주 선수들은 정말 빨리 속력을 바꾸고 회전하기 때문에 아주 강한 관성력을 경험한답니다.

## 공기 저항

어떤 것이 얼마나 빨리 가느냐는 그 물체가 얼마나 무거운지, 얼마나 큰 힘이 작용하는지, 그리고 움직임에 반대로 작용하는 **마찰**이 어떠한지에 달려 있어요. 차들은 울퉁불퉁한 길보다 매끄러운 도로 위에서 더 빨리 달릴 수 있어요. 매끄러운 표면은 자동차를 느리게 하는 원인인 바퀴와 도로 사이의 마찰이 더 작다는 걸 의미해요. 마찰은 **공기 저항**으로도 생겨요. 움직이는 물체가 넓은 면을 가지면, 많은 공기가 그 물체에 부딪쳐서 느리게 만들어요. 자동차가 빨리 움직일수록 많은 공기 저항을 받지요. 경주용 자동차는 매끄러운 **유선형**의 모양으로 설계되어 있어 공기가 자동차 위나 주위로 잘 흘러가게 해요. 이로써 모든 항력을 줄여 주지요. 또한 차를 아래로 눌러 주는 역할을 하는 스포일러라고 하는 날개가 뒤에 달려 있어서 굉장히 빠른 속력으로 달릴 때에도 차가 지면에서 들리지 않도록 한답니다!

공기 흐름          스포일러

# 하늘을 나는 비행기

사람들의 비행은 200여 년 전 열기구와 글라이더가 발명되면서부터 시작되었어요. 20세기 들어서면서는 엔진으로 움직이는 비행기가 등장했고, 모든 것이 변했어요. 사람들은 이전보다 훨씬 더 빠르게, 멀리 여행할 수 있게 되었답니다.

## 비행기 설계도를 그린 레오나르도 다빈치

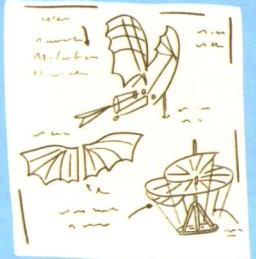

첫 비행기가 비행을 시작하기 수백 년 전, 이미 이탈리아의 발명가이자 예술가인 **레오나르도 다빈치**(Leonardo da Vinci)는 비행기의 설계도를 그렸어요. 다빈치는 발명과 문화적인 호기심들이 가득 차 있던 1452년 르네상스 시기에 태어났어요. 다빈치는 사람에게 달 수 있는 날개를 포함하여 하늘을 비행할 수 있는 다양한 기계의 설계도를 그렸어요. 물론 다빈치의 아이디어는 그가 죽을 때까지 실제로 구현되거나 알려지지 못했어요.

항력
←

## 비행할 때 작용하는 힘

어떤 물체가 날 때는 네 가지의 주요한 힘이 작용해요.

**항력:** 항력은 항공기가 움직일 때 반대 방향으로 밀어서 느리게 하려는 힘이에요. 항력은 공기 저항과 같아요. 항공기가 공기 중에서 빠르게 날아가면, 항력도 증가해요. 비행기를 매끄러운 유선형으로 설계하는 것은 공기를 비행기 주위로 빠져나가게 해서 항력을 줄이기 위해서예요.

**양력:** 양력은 중력의 반대되는 힘으로, 공기 때문에 생겨요. 양력은 어떤 물체를 위로 밀어 올려 공중에 떠 있도록 해 줘요. 비행기가 하늘에서 높이 날면, 공기는 비행기 날개 주위로 흘러가요. 날개 위쪽은 둥근 모양이라 위쪽에서의 공기 흐름이 날개 아래쪽보다 더 빠르지요. 이렇게 빨리 흐르는 공기는 날개 아래쪽에 천천히 흐르는 공기보다 압력이 낮기 때문에 날개는 아래에서 밀어 올리는 힘을 받게 되는 거예요.

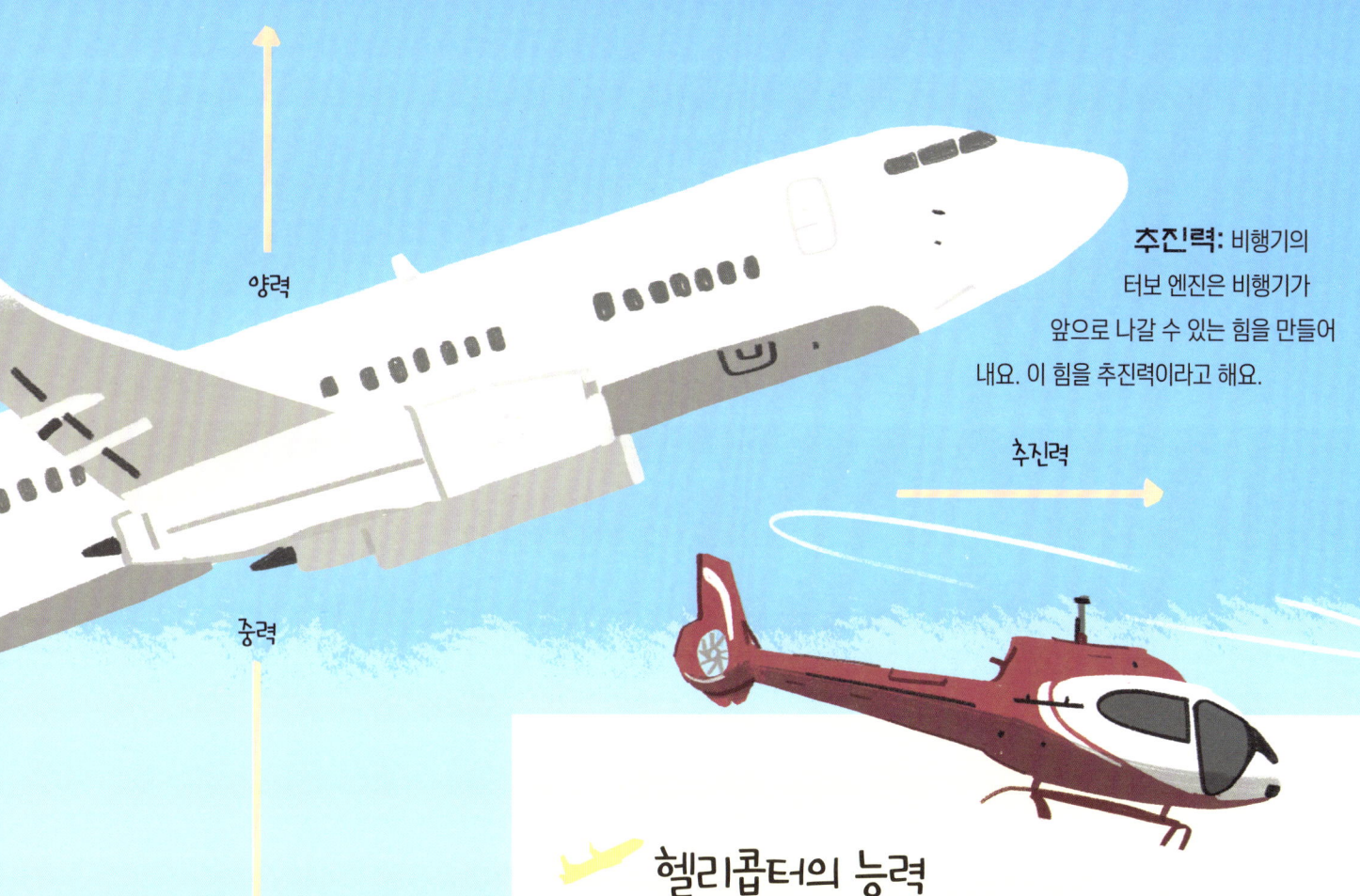

**추진력:** 비행기의 터보 엔진은 비행기가 앞으로 나갈 수 있는 힘을 만들어 내요. 이 힘을 추진력이라고 해요.

**중력:** 하늘에 떠 있으려면 반드시 중력을 극복해야 해요. 지구의 중력이 항공기를 땅으로 끌어당기지요. 이것을 극복하기 위해 비행기와 헬리콥터는 날개와 회전 날개, 강력한 엔진을 이용해요.

## 헬리콥터의 능력

**헬리콥터**도 비행기와 마찬가지로 네 가지 힘을 받기는 하지만 자신만의 방식으로 하늘을 날아요. 헬리콥터는 **회전 날개**를 통해 양력을 만들어요. 회전 날개는 매우 빨리 도는 칼날 같아요. 비행기의 날개처럼 회전 날개도 위쪽이 더 굴곡이 져 있어요. 이로써 위쪽에 더 빠른 공기 흐름이 생기고, 아래쪽에는 헬리콥터를 위로 밀어 올릴 만한 더 높은 압력이 생겨요. 헬리콥터는 스스로 양력을 만들기 때문에 비행기와 달리 활주로 없이 그 자리에서 바로 이륙할 수 있답니다. 또한 네 가지 모든 힘이 균형을 이룰 때, 헬리콥터는 공중에서 맴돌 수 있어요. 심지어 뒤로도 날아갈 수 있지요.

# 떠다니는 배

배는 무거운 금속 뼈대로 이루어져 있는데 왜 바다 아래로 가라앉지 않을까요?
물리학을 잘 이해하고 설계하면 배를 떠 있게 할 수 있어요!

###  아르키메데스의 원리

기원전 287년에 태어난 아르키메데스(Archimedes)는 유명한 발명가이자 수학자였어요. **아르키메데스의 원리**를 통해 배가 어떻게 뜰 수 있는가를 이해할 수 있지요. 아르키메데스는 물에 어떤 물체를 넣으면 그 물체가 물을 **밀어내어** 다른 곳으로 옮기는 걸 알아냈어요. 예를 들어, 욕조에 들어가면 물이 높아져요. 여러분 몸이 그 자리를 차지해 물을 위로 밀어내기 때문이에요. 물속 물체에 작용하는 위로 올리는 힘은 정확히 그 물체가 옮긴 물의 무게와 같다고 아르키메데스는 주장했어요. 이 힘을 **부력**이라고 하지요

###  뜨느냐 가라앉느냐

아르키메데스의 원리에서 유추하면, 어떤 물체가 물에 들어가 옮긴 물의 양보다 무거우면, 부력이 그 물체를 밀어 올릴 만큼 크지 않아서 그 물체는 **가라앉아요**. 반대로 그 물체 때문에 옮겨진 물의 양보다 물체가 가볍거나 같으면 그 물체는 **떠요**. 그러니까 배가 뜨려면 배 무게는 배 때문에 눌려진 물의 무게보다 가벼워야만 해요. 하지만 배는 무거운 재료로 만드는데 이것이 가능할까요? 답은 무게가 거의 나가지 않는 어떤 것에 있어요.

*배는 공기로 가득 차 있어요!*

배는 **공기**로 가득 차 있어요. 배는 물 위에서 넓은 공간을 차지하는 거대한 그릇 형태로 만들어져요. 선체 내부 대부분은 비어 있고 공기로 가득하지요. 그래서 배가 물 위에서 차지하는 공간의 무게가 배가 밀어낸 엄청난 양의 물보다 가볍거나 같게 돼요. 그렇게 물은 배의 무게보다 더 큰 힘으로 배를 위로 밀어 올려 계속 떠 있게 해 준답니다.

### 그냥 궁금해요

오늘날 세상에서 가장 큰 크루즈선은 16층 빌딩 정도로 높고, 축구장 세 개 반을 길게 넣을 수 있을 만큼 길어요. 크루즈선은 약 50만 명의 사람을 태우고도 여전히 떠 있답니다.

##  배의 침몰

타이타닉호는 1912년에 비극적으로 침몰한 것으로 널리 알려진 배예요. 이 배는 바다를 가로질러 항해하다가 수면 아래에 있는 빙산과 충돌했어요. 빙산이 배의 철갑을 찢어 구멍을 내자 물이 배로 들어갔어요. 배로 들어온 물이 내부 공기가 있는 공간을 차지하면서 배는 곧 훨씬 무거워졌고 더 이상 떠 있을 수 없게 되었어요. 배는 부력을 충분히 받지 못하고 결국 바다 아래로 가라앉았지요.

# 자석으로 달리는 기차

기차선로 위에 떠 있을 수 있는 기차가 있어요.
이렇게 마찰을 받지 않는 형태의 기차를 만들기 위해서는 자석의 물리학이 필요해요.

### 선로를 달리는 열차

선로는 수백 년 동안 존재해 왔어요. 예전에는 선로를 따라 수레를 운반했고, 그 뒤로는 기차를 운행하고 있지요. 오늘날 기차에는 동력을 만드는 **엔진**이 달려 있어요. 고속으로 달리는 도심 열차 대부분은 **전기**도 이용해요. 모터로 열차의 바퀴를 돌려서 열차가 선로를 따라 달리게 하는 것이지요.

### 자기 부상 열차

**자기 부상 열차**는 이와는 달라요. 선로 위에 바퀴가 닿지 않고 그 위에 떠 있어요. 동력을 만들기 위해 연료를 사용하지 않고 대신 **전자기**를 사용해요.

자석의 힘으로 달려요

자석의 반대 극끼리는 서로 끌어당기고, 같은 극끼리는 밀어내는 건 알고 있지요? 자기 부상 열차의 바닥에는 거대한 자석이 달려 있어요. 선로도 자기 코일로 감겨 있지요. 전류가 코일을 따라 흐르면 전자석이 만들어져요.
이 강력한 자석의 척력이 열차를 밀어내어 열차는 선로 위에 부상(떠오름)하는 거예요. 전기를 이용해 자석의 **극성**을 바꾸어서 열차의 앞 자석이 인력으로 열차를 끌어당기고, 열차의 뒤 자석이 척력으로 밀어주도록 해요. 그러면 열차는 앞으로 계속 나아갈 수 있답니다.

## 자기 부상 열차를 멈추는 법

자기 부상 열차는 다른 기차들과는 달리 브레이크가 없어요. 그러면 어떻게 멈출까요? 열차가 앞으로 진행하게 했던 전자기를 이용해서 멈춰요. 코일에 흐르는 전류의 방향을 반대로 바꾸면 극성도 **반대로 바뀌어요**. 그러면 이제는 자석이 기차 앞에서 **척력**으로 밀어내고, 뒤에서 **인력**으로 끌어당기면서 기차는 느려지고 멈추게 되지요.

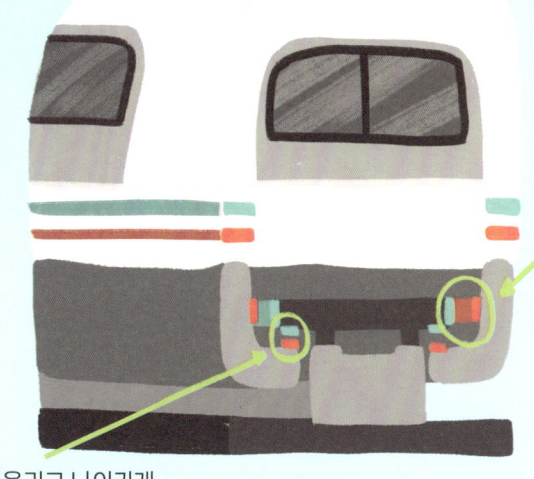

열차가 선로에 붙지 않도록 척력이 작용하는 자석

열차를 들어올리고 나아가게 하도록 척력이 작용하는 자석

선로

## 무마찰

전통적인 기차선로에서는 기차 바퀴에 마찰력이 작용해서 기차가 느려져요. 하지만 자기 부상 열차는 선로에 붙어 있지 않아서 **표면 마찰이 없어요**. 그래서 자기 부상 열차는 에너지를 낭비하지 않고 매우 빨리 달릴 수 있답니다.

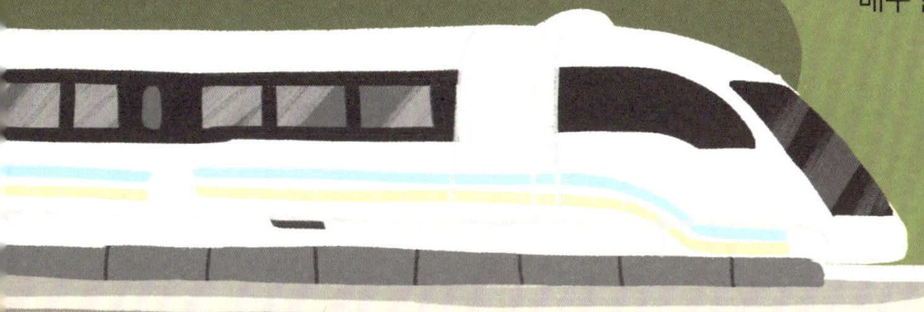

## 공기 저항

자기 부상 열차는 선로에서의 마찰은 없지만 **공기 저항**에 따른 마찰은 피할 수 없어요. 빠르게 달릴수록 공기 저항이 커지니까요. 공기가 열차를 밀어 느리게 만들지요. 그래서 공기가 기차 주위로 지나가도록 매끄러운 유선형으로 설계해요. 공기를 뚫고 빠르게 달릴 수 있도록요.

# 첨단 기술

물리학자들은 우리가 사는 세상에 물리학을 적용할 새로운 방법을 발견하면서 계속해서 세상의 경계를 허물어 나가고 있어요.

##  나노 기술

나노 기술은 **나노 수준**의 과학이에요. **1나노미터**(nm)는 10억 분의 1미터랍니다. 인간의 머리카락 한 개 두께가 100,000나노미터 정도예요. 그러니까 나노 수준은 극단적으로 작은 거예요! 크기가 1에서 100나노미터 정도인 물체를 다룰 때 나노 수준이라고 해요. 보통 원자나 분자를 다룰 때에 쓰이지요. 과학자들은 나노 수준에서 물질을 보거나 제어하기 위해서 특수한 현미경을 사용한답니다. 물질의 기본 구성 요소인 원자를 다루기 때문에 최소 수준에서 물질을 강화하거나 조작할 수 있어요. 예를 들어 자동차, 항공기, 선박, 우주선 등을 더 가벼운 소재로 개발할 수 있는 거예요. 이렇게 되면 필요한 연료를 줄여서 비용을 아끼고, 지구 환경에 좋지 않은 배출물도 줄일 수 있어요.

### 그냥 궁금해요

여러분의 손톱은 1초에 약 1나노미터씩 자라요. 그래서 하루면 약 86,400 나노미터가 자라지만 0.1밀리미터도 채 되지 않아서 손톱이 자랐는지 알아차리지 못해요.

## 무인 자동차

우리는 자동차에 운전하는 사람이 늘 있어야 한다고 생각해요. 하지만 운전하는 사람이 꼭 필요할까요? **자율 주행** 또는 자동 무인 자동차는 스스로 운전할 수 있는 자동차랍니다. 대부분의 자율 주행 차는 달릴 때 주변을 파악하려고 센서를 많이 사용해요. 그래서 주변에 반응하여 스스로 브레이크를 밟고, 방향을 바꾸고, 속력을 높일 수 있게요. 이런 기술은 더 많은 사람들이 편리하게 이동할 수 있도록 도와줄 거예요. 하지만 전기 차나 대체 연료를 쓰는 자동차가 아니라면 자동차 연료에서 나오는 배출물이 늘어날 수 있어요. 자동차를 운전하는 사람이 아예 없는 시대가 오기까지는 아직 갈 길이 멀지만, 그렇게 될 거라는 건 사람들의 마음에 확실히 자리 잡았어요.

## 의학 기술

고주파의 음파를 이용하면 태아나 연조직과 같은 인체 내부에 있는 물체의 영상을 볼 수 있어요. 초음파는 조직에 반사하여 모니터에 사진을 만들어요. 예전에 초음파 영상은 2차원 평면 사진이었어요. 하지만 최근에는 비스듬하게 음파를 보내 깊이까지 파악하는 3차원 초음파 영상이 가능해졌어요. 더 나아가 이제 기술자들은 시간이라는 **네 번째 차원**도 추가하게 되었어요. 4차원 초음파 장치는 동영상을 실시간으로 보여 줄 수 있지요. 초음파에서 발전된 새로운 기술은 **탄성초음파조영술**이에요. 이 기술로 조직의 탄성도를 검사하여 뻣뻣한 정도를 알면, 암이나 근육 골격계 문제를 발견하는 데 도움이 될 거예요.

# 미래의 물리학

과학자들은 질문하는 것을 결코 멈추지 않아요.
아이디어가 초현실적이라서 가능하지 않은 것들도 종종 있지만 결국은 실현할 수 있을 거예요!

## ✸ 혁신적인 에너지

어떤 에너지원은 점점 고갈되고, 어떤 에너지원은 이용하는 데 비용이 많이 들어서, 과학자들은 전기를 생산할 새로운 방법을 찾기 위해서 계속 탐구하고 있어요.

**마그마 발전:** 오늘날 우리가 이용하는 지열 에너지는 지하에 있는 열을 활용하는 에너지에요. 지하에 묻은 관을 통해 들어간 물이 뜨거운 바위로 가열되면, 증기로 변해 다시 위로 올라와 터빈을 돌려요. 최근에 과학자들은 화산 근처를 더 깊이 파고 들어가면 마그마를 통해 물을 훨씬 더 높은 온도로 가열할 수 있음을 알게 되었어요. 이 **마그마 발전**은 일반 지열 발전보다 **10배** 더 많은 에너지를 생산할 수 있을 것으로 기대해요. 아이슬란드와 같은 화산 지역에서 시험 연구를 하고 있는 중이랍니다.

화산 지대의 발전소

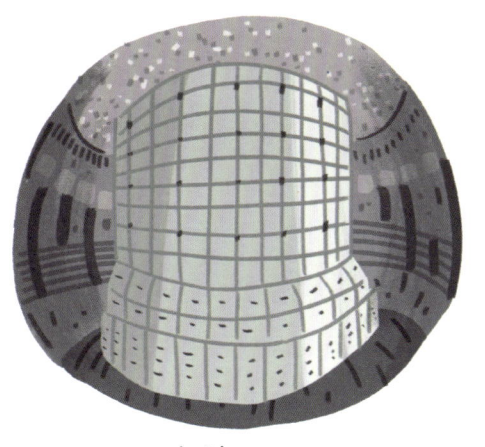

핵융합로

**핵융합로:** 태양은 핵융합으로 에너지를 방출해요. 수소 원자핵 두 개가 결합하여 헬륨 원자를 만드는 과정에서 어마어마한 에너지가 방출되지요. **핵융합로**는 이런 핵융합 과정을 재현하는 장치로 고안됐어요. 고리 모양의 관에 수소를 넣고 태양의 온도만큼 가열해요. 그러면 핵들이 함께 융합하여 엄청난 양의 에너지를 방출하지요. 이 지구 친화적인 기술은 우리 삶을 바꿀 수 있을 거예요. 하지만 실제로 건설하는 게 너무 어렵고 비용도 너무 많이 들어서 완성하기까지는 오랜 시간이 걸릴 것으로 보여요.

다이슨 위성 무리

**다이슨 구:** 핵융합로는 태양의 능력을 재현하려는 거예요. 한편 **다이슨 구**는 별에서 나오는 에너지를 실제로 잡으려는 시도랍니다. 어떤 별 주위에 태양계의 크기만 한 구 형태의 거대 구조를 건설하면 그 별이 내놓는 열과 빛 에너지를 모을 수 있다는 거예요. 크기는 전체 태양계를 둘러쌀 만큼 거대하고 속은 빈 구조가 될 거예요. 에너지를 모으는 거울 수천 개와 태양 전지판을 달고 별이나 태양을 둘러싼 채 작동하는 다이슨 위성 무리도 또 다른 가능성이 될 수 있어요. 물론 지금은 아이디어일 뿐이고, 진짜로 건설할 수는 없어요!

## ✳ 시간 여행

공상 과학 이야기 속에서 사람들은 시간 여행을 오랫동안 탐구해 왔어요. 몇몇 물리학자들도 이것을 깊이 생각하고 있어요. 아인슈타인은 더 빨리 움직일수록 시간은 늦게 흐른다는 개념을 내놓았어요. 우주 공간에서 점점 더 빨리 움직이면 시간은 점점 더 느리게 흐르지요. 지구 주위를 공전하는 국제 우주 정거장의 시계는 지구에 있는 시계보다 아주 작은 차이지만 조금 느려요. 이론상으로 여러분이 광속에 가까운 속력으로 우주를 탐사하고 지구로 되돌아오면 꼭 미래에 온 것처럼 지구에 남아 있던 사람들보다 더 젊은 상태로 돌아오게 돼요! 과학자들은 우주 공간에 있는 웜홀이나 시간을 거슬러 움직이는 입자에 대한 이론도 탐구하고 있어요. 하지만 이렇게 여행하는 게 얼마나 안전할까요? 시간선을 변경해서 과거나 미래의 자기 자신을 만날 수 있을까요? 우리는 정말 시간 여행을 해야 할까요? 여러분은 어떻게 생각하나요?

127

 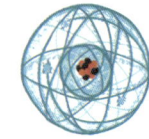

# 용어 풀이

**가속도:** 물체가 얼마나 빨리 속도를 올릴 수 있는지의 정도

**감속:** 물체의 속력이 줄어드는 것

**공기 역학적:** 공기 저항을 줄여 물체가 공기를 빠르게 통과할 수 있는 모양을 뜻해요.

**공기 저항:** 물체가 공기 속을 움직일 때 물체에 작용하는 힘

**공전 궤도:** 별이나 행성 주위를 규칙적이고 반복적으로 도는 경로

**공학자:** 기계와 엔진을 설계하고 제작하거나 유지, 보수하는 사람

**광자:** 빛의 입자인 아주 작은 에너지 알갱이

**광학:** 시각과 빛의 특성을 밝히는 학문

**굴절:** 광선이 한 물질에서 다른 물질로 통과할 때 꺾이는 현상

**기초:** 하중을 견딜 수 있는 건물의 가장 낮은 층. 보통 지하에 있어요.

**대류:** 액체나 기체에서, 뜨거운 물질이 올라가고 차가운 물질이 가라앉는 흐름에 의해 열이 전달되는 과정

**무게:** 중력으로 물체의 질량에 작용하는 힘

**물의 저항:** 물체가 물속에서 움직일 때 물체에 작용하는 힘

**물질:** 질량을 가지고 있고 공간을 차지하는 어떤 것, 만물을 구성하는 것.

**밀도:** 물질이 서로 촘촘히 모여 있는 정도

**바이오매스:** 연료로 사용되는 식물성이나 동물성의 물질

**반사:** 흡수하지 않고 되튕기는 현상

**발전기:** 운동 에너지를 전기로 바꿀 수 있는 기계

**방출:** 생산하여 내보내는 것을 말해요.

**복사:** 전자기파로 이동하는 에너지

**부력:** 물 위에 떠 있거나 수면 위에 떠오를 수 있는 힘

**부양력:** 액체나 기체가 물체에 작용하여 위로 올리는 힘

**분자:** 서로 결합된 원자들의 집합

**비재생 에너지:** 석유처럼 쉽게 다시 만들 수 없는 자원에서 얻는 에너지

**성운:** 우주 공간에 있는 가스와 먼지구름

**속도:** 어떤 것이 특정한 방향으로 빨리 움직이는 정도

**압력:** 단위 면적당 작용하는 미는 힘의 양

**양성자:** 원자핵에서 발견되는 양전하를 띤 입자

**에너지:** 일할 수 있고 무언가가 일어나게 할 수 있는 것

**원자:** 물질의 기본 단위인 아주 작은 입자

**원자핵:** 양성자와 중성자로 이루어진 원자의 견고한 중심부

**유선형:** 공기나 물의 저항을 줄일 수 있는 형태

**은하:** 중력 때문에 함께 붙잡힌 수많은 별, 가스, 먼지의 집단

**음높이:** 음의 높고 낮음

**음향학:** 소리와 청각을 다루는 학문

**인력:** 서로를 향해 끌어당기는 힘

**입자:** 원자 또는 분자와 같이 물질을 구성하는 기본 단위

**자기력:** 어떤 물질들 사이에 존재하며 인력이나 척력을 작용시키는 눈에 보이지 않는 힘

**재생 에너지:** 태양이나 풍력처럼 고갈되지 않는 자원에서 얻는 에너지

**전기:** 전하를 띤 입자의 움직임에서 나오는 에너지

**전도:** 열, 소리, 전기가 물질을 통해 전달되는 과정

**전자:** 원자에서 발견되는 음전하를 가진 입자

**절연체:** 열, 소리, 전기가 쉽게 흐르지 않는 물질

**조수:** 바다의 밀물과 썰물

**주파수:** 초당 파가 진동하는 횟수

**중력:** 지구 위의 물체가 지구로부터 받는 힘 또는 물체들이 서로를 끌어당기는 힘

**중성자:** 대부분의 원자핵에서 발견되는 전하를 띠지 않는 입자

**진공:** 물질이 전혀 없는 공간

**진동:** 물체나 물질이 반복해서 떨리는 움직임 또는 파동

**진폭:** 파동의 높이. 음파의 중간 지점부터 가장 높은 점까지의 높이

**질량:** 물체가 가지고 있는 물질의 양

**척력:** 서로 밀어내는 힘

**천체:** 하늘이나 우주에 존재하는 모든 물체

**추진력:** 제트 엔진이나 로켓 엔진이 하는 것처럼 앞으로 밀어 주는 힘

**탐사선:** 우주를 탐사해 수집한 데이터와 사진을 지구로 전송하기 위해 우주 공간으로 보낸 무인 우주선

**파장:** 파동에서 한 마루와 그다음 마루 사이의 거리

**항력:** 물이나 공기 같은 액체나 기체 속을 움직이는 물체에 작용하는 저항력

**핵융합:** 원자핵이 서로 결합해 무거운 원자핵을 형성하는 과정에서 에너지를 방출하는 반응

**화석 연료:** 수백만 년 전에 죽은 유기체의 잔해로 만들어진 석탄이나 석유와 천연가스 같은 연료

**화학 결합:** 원자들이 함께 붙어 있는 힘

**확대:** 어떤 것을 원래보다 더 크게 보이게 하는 것

**힘:** 밀거나 잡아당겨서 물체의 움직임이나 모양을 바꿀 수 있는 것

 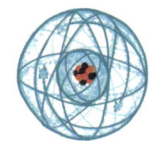

# 찾아보기

공기 역학 20

균형 12

그림자 58-59

기압 16-17

기압계 17

기어 26

기차 122-123

나노 기술 124

나침반 25

뉴턴(아이작 뉴턴) 13-14

뉴턴의 운동 법칙 13, 111, 116

다리 112-113

다빈치(레오나르도 다빈치) 118

달 15, 102-103

    공전 궤도 100

    월식 103

대기층(지구 대기층) 17

도르래 27

도플러 효과 84-85

동역학 11-27

마찰력 18-19

물리학

    미래의 물리학 126-127

    응용 물리학 109-127

    정의 11

물질의 상태 30

배 120-121

별 94-95

부력 22-23

북극광 25

분자 31

블랙홀 104-105

비행 118-119

빅뱅 90-91

빛 52-57

    광속 56-57

    빛의 활용 64-65

    인공 빛 62-63

색깔 60-61

소리

    소리의 이용 86-87, 125

    음높이 74-75

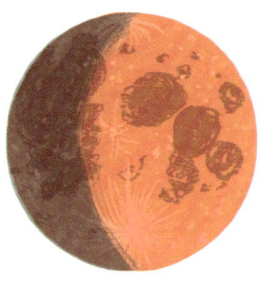

음량 72-73
음속 78-79
음파 70-71
수압 17
스포츠 속의 과학 110-111
시력 66-67
아르키메데스 120
아인슈타인(알베르트 아인슈타인) 33, 57
에너지원 36-37
에너지 종류 32-35
에너지학과 전자학 29-47
엘리베이터 27
열에너지 40-41
우주 탐사 106-107
우주 비행사 15
원자 30-31
 양성자 30
 전자 30
 중성자 31
 핵 30-31
음악 82-83
음향학 69-87
자기력 24-25
자동차
 무인 자동차 125
 속력 116-117

재생 에너지 38-39
저항(항력) 18-19
 공기 저항 18, 20
 물의 저항 21
전기 42-45
전기 회로 44-45
전자기 스펙트럼 50-51
중력 14-15, 16
지구(지구 행성) 98-99
지렛대 26
질량 14
집 안에서의 에너지 46-47
청력 76-77
초고층 건물 114-115
초음속 비행 80-81
태양 96-97
태양계 92-93
항력 18-21
힘 12-13, 26-27

## 물리

| 초판 1쇄 발행 | 2022년 9월 5일 |
| 초판 2쇄 발행 | 2023년 5월 30일 |

| 글쓴이 | 로라 베이커 |
| 그린이 | 알렉스 포스터 |
| 옮긴이 | 권영균 |

| 펴낸이 | 이혜경 |
| 펴낸곳 | 니케북스 |
| 출판등록 | 2014. 04. 7 | 제 300-2014-102호 |
| 주소 | 서울시 종로구 새문안로 92 광화문 오피시아 1717호 |
| 전화 | (02)735-9515 | 팩스 (02)6499-9518 |
| 전자우편 | nikebooks@naver.com |
| 블로그 | nikebooks.co.kr |
| 페이스북 | www.facebook.com/nikebooks |
| 인스타그램 | www.instagram.com/nike_books |

ISBN 978-89-98062-46-0  74400
     978-89-98062-45-3 (세트)

니케주니어는 니케북스의 아동·청소년 브랜드입니다.

책값은 뒤표지에 있습니다.
잘못된 책은 구입한 서점에서 바꿔 드립니다.

---

**어린이제품 안전특별법에 의한 표시사항**

제조자명 니케북스  제조국 대한민국  사용연령 8~13세  제조년월 판권에 별도 표기
주소 서울시 종로구 새문안로 92 광화문 오피시아 1717호  연락처 02-735-9515
주의사항 책 모서리나 종이에 긁히거나 베이지 않게 조심하세요.